Doris Muliar

Besser hausgemacht

mit dem Thermomix®

Doris Muliar

Besser hausgemacht mit dem Thermomix®

Fertigprodukte wie Pesto, Ketchup, Eis und Marmelade selbst herstellen

riva

Bibliografische Information der Deutschen Nationalbibliothek
Die Deutsche Nationalbibliothek verzeichnet diese Publikation in der Deutschen Nationalbibliografie. Detaillierte bibliografische Daten sind im Internet über http://d-nb.de abrufbar.

Für Fragen und Anregungen
info@rivaverlag.de

Wichtige Hinweise
Sämtliche Inhalte dieses Buches wurden – auf Basis von Quellen, die die Autorin und der Verlag für vertrauenswürdig erachten – nach bestem Wissen und Gewissen recherchiert und sorgfältig geprüft. Alle Rezepte in diesem Buch wurden für den Thermomix® TM5 entwickelt und mit diesem getestet. Bitte beachten Sie: Der Mixtopf des Thermomix® TM5 ist größer als der des TM31 (Kapazität von 2,2 Litern anstatt 2,0 Liter beim TM31). Daher dürfen aus Sicherheitsgründen die Rezepte aus diesem Buch nur dann mit dem TM31 nachgekocht werden, wenn die Mengen angepasst wurden. Achten Sie auf die Füllstandsmarkierungen und überschreiten Sie die maximale Füllmenge nicht. Der Verlag und die Autorin haften für keine nachteiligen Auswirkungen, die in einem direkten oder indirekten Zusammenhang mit den Informationen stehen, die in diesem Buch enthalten sind. Thermomix® ist ein eingetragenes Warenzeichen der Vorwerk & Co. KG. Diese Publikation ist kein offizielles Lizenzprodukt der Vorwerk & Co. KG.

Ausschließlich zum Zweck der besseren Lesbarkeit wurde auf eine genderspezifische Schreibweise sowie eine Mehrfachbezeichnung verzichtet. Alle personenbezogenen Bezeichnungen sind somit geschlechtsneutral zu verstehen.

Originalausgabe
3. Auflage 2021

Türkenstraße 89
D-80799 München
Tel.: 089 651285-0
Fax: 089 652096

Redaktion: Caroline Kazianka
Umschlaggestaltung: Isabella Dorsch
Umschlagabbildungen: Vorderseite: shutterstock.com/Maram, shutterstock.com/margouillat photo, shutterstock.com/Africa Studio, shutterstock.com/Goskova Tatiana, shutterstock.com/Amallia Eka, shutterstock.com/MaraZe; Rückseite: shutterstock.com/Jiri Hera, shutterstock.com/Maram, shutterstock.com/Chamille White, shutterstock.com/Magrig, shutterstock.com/Oleksandra Naumenko, shutterstock.com/Alexander Prokopenko
Satz: inpunkt[w]o, Haiger (www.inpunktwo.de)
Druck: Florjancic Tisk d.o.o., Slowenien
Printed in the EU

ISBN Print 978-3-86883-981-4
ISBN E-Book (PDF) 978-3-7453-0311-7
ISBN E-Book (EPUB, Mobi) 978-3-7453-0312-4

Inhaltsverzeichnis

Vorwort

In vielen Fällen können Sie schon mit wenig Aufwand Lebensmittel herstellen, die Sie sonst im Supermarkt kaufen würden. Vieles davon ist besser für Ihre Gesundheit, für Ihr Öko-Gewissen und oft auch für Ihren Geldbeutel. Anderes wiederum schmeckt einfach besser oder gibt es gar nicht als Fertigprodukt.

Die Supermarktregale sind voll mit Gläsern, Konserven und Vakuumverpacktem aller Art. In den Kühl- und Tiefkühltruhen stapeln sich fertige und halb fertige Gerichte, das sogenannte Convenience-Food. Aber wissen Sie eigentlich, was da alles wirklich drinsteckt? Welche Konservierungsstoffe, Geschmacksverstärker, künstliche Aromen und Füllstoffe, die mit der Bezeichnung »Lebensmittel« im Grunde nichts mehr zu tun haben? Einige dieser Stoffe können Allergien verursachen oder führen zu Lebensmittelunverträglichkeiten. Die Nahrungsmittelindustrie ist deswegen in letzter Zeit heftig in die Kritik geraten, und unverfälschte und natürliche Lebensmittel werden immer mehr nachgefragt.
Selbst Gemachtes wie Brühepulver, Pesto, Saucen oder Aufstriche ist vielleicht nicht so lange haltbar wie gekaufte Produkte mit Konservierungsstoffen, aber auf jeden Fall gesünder und mit Ihrem Thermomix® auch schnell gemacht.
Zudem bietet es Ihnen die Möglichkeit, kreativ zu werden und zum Beispiel Gewürzmischungen oder Müslis so mit Wunschzutaten zusammenzustellen, wie sie in keinem Supermarkt angeboten werden.
Das Einmachen von Marmeladen, Pickles oder anderen Köstlichkeiten mag auf manche vielleicht altmodisch wirken, es ist derzeit aber voll im Trend, und als Mitbringsel sind diese Eigenproduktionen auch immer willkommen.
Unsere Rezepte in diesem Buch sollen Ihnen Anregungen liefern, wie Sie Ihren Vorrats- oder Kühlschrank füllen und daraus Tag für Tag genießen können.

Zehn Punkte für Ihre Sicherheit

Wahrscheinlich sind Sie bestens vertraut mit dem Thermomix® und haben ihn schon längst in Ihren Kochalltag integriert. Wenn Sie Ihren Thermomix® aber längere Zeit nicht verwendet haben, machen Sie sich bitte noch einmal mit der Gebrauchsanleitung vertraut. Zur Sicherheit haben wir die wichtigsten Bedienungs- und Sicherheitsfragen für den TM5 kurz zusammengefasst.

1. Wenn Sie zerkleinern oder pürieren: Setzen Sie immer den Messbecher ein. Beim Zerkleinern von Nüssen, Gemüse oder anderen harten Lebensmitteln könnten sonst Teile herausgeschleudert werden. Beim Pürieren von heißen Suppen besteht Verbrennungsgefahr durch Spritzer! Verwenden Sie auch den Spritzschutz, wenn Sie vier oder mehr Portionen Suppe kochen – da kann es ebenfalls spritzen.
2. Bei heißem Mixtopf-Inhalt (über 60 °C) nicht sofort im Turbo-Modus pürieren und die Drehzahl nur langsam ansteigend erhöhen.
3. Beachten Sie die maximale Füllstandsmarkierung im Mixtopf. Er ist für 2,2 Liter ausgelegt.
4. Der Mixtopfdeckel entriegelt automatisch nach Ende der eingestellten Garzeit. Versuchen Sie nicht, ihn gewaltsam zu öffnen.
5. Beim Dampfgaren mit dem Varoma darf der Messbecher nicht eingesetzt werden – es kann sonst kein Dampf entweichen.

6. Bei Verwendung des Varomas muss der Dampf zirkulieren können. Lassen Sie daher immer einige Schlitze im Boden frei. Geben Sie genügend Wasser für die Dampfentwicklung in den Mixtopf. Setzen Sie stets den Varoma-Deckel auf und achten Sie darauf, beim Öffnen nicht mit dem heißen Dampf in Berührung zu kommen.
7. Der Rühraufsatz (Schmetterling) zum Schlagen von Eischnee oder Sahne darf nur bis höchstens Stufe 4 zum Einsatz kommen. Der Spatel darf bei Verwendung des Schmetterlings nicht eingeführt werden.
8. Bitte niemals ein anderes Rührwerkzeug als den Spatel in die Deckelöffnung einführen. Der Spatel ist mit seinem »Kragen« so konstruiert, dass er nicht mit den Messern in Berührung kommen kann.
9. Wenn Sie den Mixtopf zum Reinigen auseinandernehmen, gehen Sie äußerst vorsichtig mit dem Mixmesser um – die Messer sind höllisch scharf, es besteht Verletzungsgefahr.
10. Wenn Ihr Thermomix® keinen festen Platz in Ihrer Küche hat, stellen Sie ihn immer auf eine rutschfeste, ebene Arbeitsfläche. Beim Zerkleinern oder beim Rühren von Teigen könnte der Thermomix® durch Unwucht in Bewegung geraten. Bleiben Sie bei diesen Arbeitsschritten neben dem Gerät.

Zum Umgang mit diesem Buch

- Alle Rezepte sind für den TM5 konzipiert.
- Die Mengenangaben für das Gemüse beziehen sich auf unvorbereitete Ware.
- Mit Zwiebel meinen wir eine mittelgroße Zwiebel. Sonst ist angegeben: große oder kleine Zwiebel.
- 1 EL entspricht 15 g.
- 1 TL entspricht 5 g.
- Milch und Joghurt verwenden wir immer mit 3,5 % Fett.
- Bei Frischkäse und Quark wählen wir Varianten mit 20 % Fett, obwohl auch solche mit weniger Fett angeboten werden.

Die Rezepte sind verschiedenen Kategorien zugeordnet. Die Symbole dafür finden Sie bei jedem Rezept oben rechts. Außerdem gibt es hinten im Buch ein Register, das nach diesen Kategorien eingeteilt ist.

Zum Einmachen

Zum Tiefkühlen geeignet

Als Geschenk geeignet

Süß

Salzig

Aufbewahren

Vorbereiten von Gläsern und Flaschen

Ob für Marmeladen, Pickles oder Getränke: Um lange Freude an den Inhalten zu haben, müssen die Gläser oder Flaschen und deren Deckel supersauber und keimfrei sein. Am einfachsten geht das Sterilisieren, indem Sie Wasser mit einem Schuss Essig in einem großen Topf aufkochen lassen. Dann die Gläser und Deckel hineingeben und 10 Minuten stehen lassen. Die Gläser nun nicht mehr am Glasrand oder an der Innenseite berühren. Am besten mit einer Küchenzange herausnehmen und verkehrt herum auf einem sauberen Küchenhandtuch abtropfen lassen.

Gläser mit Schraubverschluss für Aufstriche oder Marmeladen (Twist-off-Gläser) bekommen Sie in den Haushaltsabteilungen der Kaufhäuser und in gut sortieren Supermärkten. Sie können aber auch Gläser von Fertigprodukten sammeln. Achten Sie darauf, dass die Deckel keine rostigen oder beschädigten Stellen aufweisen.

Weckgläser mit Bügelverschluss und Gummiringen kommen ebenfalls infrage – ihre Handhabung ist jedoch etwas zeit- und energieaufwendiger. Wir haben sie daher bei unseren Rezepten nicht berücksichtigt. Wie man mit Weckgläsern umgeht, ist in den Broschüren der Hersteller erklärt.

Flaschen mit Schraub- oder Bügelverschluss erhalten Sie ebenfalls im Handel. Aber auch hier können Sie Glasfläschchen von Smoothies oder Säften sammeln. Heiße Flüssigkeiten am besten mithilfe eines Trichters einfüllen.

Trockene Gewürzmischungen können Sie in kleineren Schraub- oder Bügelgläsern (ca. 100 ml) oder Döschen aufbewahren. Sie sollten immer luftdicht verschlossen sein, damit keine Feuchtigkeit eindringen kann – sonst droht Schimmel.

Zum Tiefkühlen keine normalen Plastiktüten, sondern dafür geeignete Beutel verwenden, da das Gefriergut sonst austrocknen kann. Beim Einfrieren in Dosen diese fast komplett füllen. Nur etwas Luft lassen, da sich Flüssigkeiten ausdehnen.

Beschriften Sie Ihre Gläser und Behälter mit Inhalt, Datum der Herstellung und voraussichtlichem Haltbarkeitsdatum. Beim Aufbewahren im Vorratsschrank oder in der Speisekammer die Lebensmittel mit dem kürzesten Haltbarkeitsdatum möglichst vorne lagern. Ab und zu kontrollieren, damit nichts »vergessen« wird.

Natürlich konservieren

Salz

Salz entzieht den Lebensmitteln Feuchtigkeit, sodass diese weniger anfällig für Mikroorganismen sind. Frische Kräuter – vor allem solche mit härteren Blättern wie Rosmarin oder Lavendel – werden gerne eingesalzen haltbar gemacht. Auch Gemüsepasten und Brühepulvern wird viel Salz zugefügt, daher sollten Sie dann beim Kochen von Suppen und Saucen beim Salzen zurückhaltend sein!

Zucker

Zucker bindet Wasser, ohne das sich Keime nicht vermehren können. Marmeladen, Gelees oder Sirupe werden durch Beigabe von Zucker konserviert und lange haltbar. Bei Verwendung von Zuckerersatz geht dieser Effekt verloren! Daher in diesem Fall nur kleine Mengen einkochen. Wer aus gesundheitlichen Gründen ganz ohne Zucker einkochen muss, findet im Internet eine Menge Anregungen dazu.

Öl

In Öl werden gerne getrocknete oder gebratene Gemüse eingelegt: Tomaten, Pilze, Paprika oder Auberginen. Beim Einlegen in peinlichst saubere Gläser darauf achten, dass keine Luftblasen entstehen. Pasten und Saucen in Gläsern mit einer dünnen Ölschicht bedecken, dann können keine Keime eindringen. Das gilt vor allem bei schon angebrochenen Gläsern.

Kräuter

Auch Kräuter und Gewürze leisten einen Beitrag zum Haltbarmachen. Nicht allein, aber als Ergänzung zu Salz, Zucker oder Öl können Gewürznelken, Zimt, Pfeffer, Kurkuma, Ingwer, Zitrone, Knoblauch, Rosmarin, Salbei und Oregano verwendet werden.

Trocknen

Durch Trocknen wird dem Gemüse fast alle Flüssigkeit entzogen. Das nimmt Bakterien und Enzymen, die Fäulnis und Schimmel verursachen, die Lebensgrundlage.
Trocknen können Sie klein geschnittenes Gemüse und Kräuter an sonnigen, heißen Tagen an der frischen Luft, im Backofen bei leicht geöffneter Ofentür (Achtung – hoher Energieverbrauch! Nur bei größeren Mengen vertretbar!) oder im Dörrautomaten, dessen Anschaffung sich jedoch nur lohnt, wenn Sie öfter Früchte oder Gemüse trocknen möchten.

Einkochen

Marmeladen und Sirupe werden schon seit langer Zeit eingekocht, aber auch viele Gemüsesorten, besonders Tomaten, kann man in größeren Mengen zu Saucen oder als Saucenbasis verarbeiten und – heiß in Schraubgläser gefüllt – lange aufbewahren. Beim Abkühlen entsteht im Glas ein Unterdruck, der Deckel wird fest auf das Glas gepresst, und es können keine schädlichen Keime oder Bakterien mehr eindringen.

Einfrieren

Wenn Sie zur Saison am Markt größere Mengen zum Beispiel an Tomaten, Kürbis, Aprikosen oder Erdbeeren preiswert erstehen, aber keine Zeit haben, sie sofort zu verarbeiten, können Sie diese in geeigneten Portionen einfrieren. Dafür zuvor waschen, putzen und im Thermomix® zerkleinern.

Sauer einlegen

Beim Einlegen wird Gemüse in saurer Flüssigkeit – meist Essig – konserviert. Bekanntester Vertreter dieser Methode ist die Essiggurke. Im Grunde genommen eignet sich aber auch jedes andere Gemüse. Essigsäure senkt den pH-Wert und hemmt dadurch das Wachstum von Bakterien und Pilzen. Wichtig: den Sud kochend heiß über das Gemüse gießen, die Schraubgläser sofort verschließen und das Ganze einige Zeit durchziehen lassen. Meist gibt man noch etwas Zucker dazu, der ebenfalls zur Haltbarkeit beiträgt.

Rezepte

Aufstriche

Spekulatiusaufstrich

Für 2 Gläser à ca. 200 ml

200 g Spekulatius
125 g H-Sahne
(für Veganer: Soja- oder Mandelcuisine)
50 g Butter
50 g brauner Zucker oder Honig
1 TL Spekulatiusgewürz (Fertigprodukt oder Rezept Seite 90)

1. Spekulatius grob zerbrechen, in den Mixtopf geben und mit aufgesetztem Messbecher **30 Sekunden/Stufe 8** zerkleinern. Mit dem Spatel nach unten schieben und nochmals **10 Sekunden/Stufe 8** mahlen.
2. Die restlichen Zutaten dazugeben und **10 Minuten/50 °C/Stufe 2** verrühren. Dabei zwischendurch ein- oder zweimal mit dem Spatel nach unten schieben.
3. Die Masse in heiß gespülte Schraubgläser füllen, abkühlen lassen, fest verschließen und im Kühlschrank aufbewahren. Hält sich 2–3 Wochen.

Maronencreme

Für 2 Gläser à ca. 200 ml

1,3 l Wasser
Salz
350 g rohe Esskastanien (Maronen)
100 g entsteinte Datteln
1 Vanilleschote
40 g Zartbitterkuvertüre
15 g Rohkakao

1. 1 Liter Salzwasser im Mixtopf in **7 Minuten/100 °C/Rührstufe** zum Kochen bringen. Die Kastanien mit einem scharfen Messer auf der gewölbten Seite kreuzweise einschneiden, ins heiße Wasser legen und **30 Minuten/100 °C/Rührstufe linksdrehend** garen.
2. Kastanien durch ein Sieb abgießen und kalt abschrecken. Schälen und dabei auch die dünne braune Haut weitgehend entfernen. Wenn ein wenig Haut dranbleibt, ist es nicht so schlimm, da die Creme ohnehin püriert wird.
3. Geschälte Maronen mit 300 ml Wasser in den Mixtopf geben und **15 Minuten/100 °C/Stufe 2 linksdrehend** weich kochen.
4. Die Datteln grob zerschneiden. Die Vanilleschote längs aufschlitzen und das Mark herauskratzen. Die Kuvertüre grob hacken.
5. Datteln, Vanillemark, Kuvertüre und Kakaopulver zu den Maronen geben und weitere **10 Minuten/100 °C/Stufe 2 linksdrehend** kochen. Dann mit aufgesetztem Messbecher **30 Sekunden/Stufe 5–6** ansteigend pürieren und in die vorbereiteten Schraubgläser füllen. Hält sich gut verschlossen 2–3 Monate.

TIPP: **Wenn Sie vorgekochte Maronen verwenden, brauchen Sie etwa 350 g davon. Es lohnt sich aber, die Maronen frisch zu kochen, da sie viel aromatischer sind!**

Mandelmus

Für 2 Gläser à 200 ml

400 g ganze Mandeln mit Haut
Salz oder Zucker nach Belieben

1. Die Mandeln in den Mixtopf geben und mit aufgesetztem Messbecher **30 Sekunden/Stufe 10** fein mahlen.
2. Dann **30 Minuten/Stufe 4** rühren, bis eine cremige Masse entsteht. Das geschieht ohne weitere Zutat, weil das enthaltene Öl austritt. Gehen Sie dabei am besten in 5-Minuten-Schritten vor, denn die Mandeln sollen sich durch die Reibung nicht über eine Temperatur von 40 °C erhitzen. Zwischendurch immer wieder abkühlen lassen.
3. Am Schluss Mus nach Belieben und Verwendungszweck mit etwas Salz oder Zucker verrühren und in vorbereitete Schraubgläser füllen. Gut verschlossen hält sich das Mandelmus mindestens 4 Monate.

TIPP: **Wenn Sie weißes Mandelmus herstellen wollen, müssen Sie die Mandeln enthäuten. Dazu 1 Minute in kochendem Wasser blanchieren, durch ein Sieb abgießen und abkühlen lassen – dann lässt sich die Haut ganz leicht entfernen.**
Die ganzen Mandeln kann man im Backofen bei 150 °C etwa 20 Minuten leicht anrösten, dadurch wird ihr Aroma intensiver. Das Mandelmus passt gut auf Brot, zu Müslis oder mit Milch aufgemixt in Smoothies.

Haselnuss-Bananen-Creme

Für 1 Glas, ca. 300 ml

1 Banane
½ Vanilleschote
100 g ganze Haselnüsse mit Haut
20 g Rohkakao
25 g Kokosöl
4 entsteinte Datteln oder 2 EL Dattelaufstrich
(Rezept Seite 26)

1. Die Banane schälen und in Stücke schneiden. Die Vanilleschote längs aufschlitzen und das Mark herauskratzen.
2. Haselnüsse in den Mixtopf geben und mit aufgesetztem Messbecher **45 Sekunden/Stufe 10** fein mahlen. Zwischendurch eventuell die Nussmasse mit dem Spatel nach unten schieben.
3. Kakaopulver, Banane, Kokosöl, Vanillemark und Datteln oder Dattelaufstrich dazugeben und **30 Sekunden/Stufe 7** (Messbecher!) zu einer Creme verarbeiten.
4. Creme in ein vorbereitetes Schraubglas füllen. Gut verschlossen hält sie sich 2–3 Wochen.

TIPP: **Sie können die Haselnüsse auch durch andere Nüsse oder Mandeln ersetzen, die Sie 45 Sekunden/Stufe 10 fein mahlen.**

Schokoladen-Haselnuss-Creme

Für 1 Glas, ca. 250 ml

50 g brauner Zucker
150 g ganze Haselnüsse mit Haut
100 g Vollmilchschokolade
2 EL Rapsöl
1 ½ EL Rohkakao
1 TL Vanilleextrakt
(Fertigprodukt oder Rezept Seite 89)

1. Zucker in den Mixtopf geben und mit aufgesetztem Messbecher **20 Sekunden/Stufe 10** zu Puderzucker mahlen. In eine Schüssel umfüllen.
2. Die Haselnüsse in den Mixtopf geben und **30 Sekunden/Stufe 10** fein mahlen (Messbecher!). Mit dem Spatel nach unten schieben und **20–30 Minuten/Stufe 4** rühren, bis eine cremige Nussmasse entstanden ist. Zwischendurch mit dem Spatel nach unten schieben und etwas abkühlen lassen. Masse in eine Schüssel umfüllen. Den Mixtopf nicht säubern.
3. Die Schokolade grob zerschneiden, in den Mixtopf geben und **5 Sekunden/Stufe 5** zerkleinern. Das Öl dazugeben und Schokolade **3 Minuten/37 °C/Stufe 1** schmelzen lassen.
4. Kakaopulver, Vanilleextrakt, Puderzucker und die Nussmasse dazugeben und alles **10 Sekunden/Stufe 4** verrühren.
5. Creme noch warm in ein vorbereitetes Schraubglas füllen und dieses verschließen. Abkühlen lassen und zum Aufbewahren in den Kühlschrank geben. Hält 2–3 Monate.

INFO: **Es lohnt sich, beim Kauf von Kakaopulver (Rohkakao) auf Qualität zu achten. Schwach entölter Bio- oder Edelkakao ist schon eine gute Wahl. Stark entölte Sorten enthalten nur noch etwa 10 Prozent Kakaobutter, das macht sich durch ein schwächeres Aroma bemerkbar. Zur Zubereitung von Instantgetränken wird Kakaopulver meist mit Zucker und anderen Aromen, zum Beispiel Karamell, vermischt. Diese Mischungen eignen sich schon wegen ihrer helleren Färbung weniger zur Herstellung leckerer Cremes und Aufstriche.**

Dattelaufstrich

Für 1 Glas, ca. 300 ml

50 g ganze Mandeln oder Haselnüsse mit Haut
200 g entsteinte Datteln
½ TL gemahlener Zimt
250 ml Wasser oder frisch gepresster Orangensaft

1. Die Mandeln in den Mixtopf geben und **2 x 30 Sekunden/Stufe 10** mit aufgesetztem Messbecher fein mahlen.
2. Die Datteln grob zerschneiden, mit Zimt und Wasser oder Orangensaft zu den Mandeln geben und **10 Sekunden/Stufe 5** zerkleinern. Mit dem Spatel nach unten schieben und **5 Minuten/Stufe 3** rühren, bis die Datteln aufgelöst sind.
3. Aufstrich in ein vorbereitetes Schraubglas füllen und gut verschlossen bis zu 3 Wochen im Kühlschrank aufbewahren.

TIPP: **Den Aufstrich können Sie nach Belieben verdünnen und zum Süßen oder Verfeinern von Gebäck und Kompotten verwenden. Wer mag, kann dem Aufstrich mit den Samen aus 1–2 Kardamomkapseln einen orientalischen Touch geben.**

Erdnussbutter

Für 1 Glas, ca. 250 ml

250 g ungesalzene Erdnüsse
15 g Honig
1 EL Erdnussöl
Salz

1. Erdnüsse in den Mixtopf geben und mit aufgesetztem Messbecher **25 Sekunden/Stufe 10** zerkleinern. Mit dem Spatel nach unten schieben.
2. Honig, Erdnussöl und Salz (nach Geschmack) dazugeben und **20 Sekunden/Stufe 7** cremig rühren. Creme in das vorbereitete Glas füllen, gut verschließen und im Kühlschrank aufbewahren. Hält sich etwa 2 Monate.

TIPPS:

- Wer es pur mag und auf Zucker verzichten möchte, kann den Honig weglassen.
- Intensiver wird das Aroma, wenn Sie die Erdnüsse vor dem Mahlen in einer beschichteten Pfanne ohne Fett rösten.
- Etwas bissfester wird die Erdnussbutter, wenn Sie 50 g der Erdnüsse erst **7 Sekunden/Stufe 6** zerkleinern, beiseitestellen und nach dem Cremigrühren der Masse **10 Sekunden/Stufe 3 linksdrehend** untermischen.
- Anstelle von Honig geben auch Birnen- oder Ahornsirup ein feines Aroma.
- Die Erdnussbutter kann auch gut mit der Schokoladen-Haselnuss-Creme (Seite 24) oder dem Dattelaufstrich (Seite 26) vermischt werden. Einfach abwechselnd in Gläser schichten.

Sesampaste (Tahin)

Für 1 Glas, 250 ml

200 g Sesamsamen
1 EL Fenchelsamen
1 EL Koriandersamen
50 ml Sonnenblumen- oder Rapsöl
1 TL Salz
½ Bio-Zitrone nach Belieben

1. Alle Samen in einer beschichteten Pfanne ohne Fett behutsam goldgelb rösten. Dabei ständig rühren, damit nichts anbrennt und bitter wird.
2. Samen in den Mixtopf geben, Öl, Salz und nach Belieben etwas Zitronensaft und -schale dazugeben und mit aufgesetztem Messbecher **15 Sekunden/Stufe 8** mahlen. Mit dem Spatel nach unten schieben und abermals **15 Sekunden/Stufe 8** mahlen. Den Vorgang so lange wiederholen, bis eine feine, cremige Paste entstanden ist.

TIPP: **Mit ungeschältem Sesam wird die Paste dunkler und etwas kräftiger im Geschmack. Geschälter Sesam macht sie milder. Sesampaste pur oder mit etwas Honig vermischt schmeckt prima aufs Brot.**

Tapenaden

Dunkle Tapenade

Für 1 Glas, 250 ml

2 Knoblauchzehen
2 Stängel glatte Petersilie oder 4 Stängel Thymian
200 g entsteinte schwarze Oliven
50 g eingelegte Kapern
30 g Sardellen (eingelegt im Glas oder Paste aus der Tube)
100 ml Olivenöl
Salz, Pfeffer

1. Die Knoblauchzehen schälen. Petersilie oder Thymian waschen, mit Küchenkrepp trocken tupfen und die Blätter von den Stängeln zupfen.
2. Oliven, Knoblauch, Kräuterblätter, Kapern, Sardellen und Olivenöl in den Mixtopf geben und mit aufgesetztem Messbecher **10 Sekunden/Stufe 5** zerkleinern. Mit dem Spatel nach unten schieben und – wenn die Tapenade besonders fein werden soll – den Vorgang wiederholen.
3. Tapenade mit Salz und Pfeffer abschmecken und in ein heiß ausgespültes Schraubglas füllen. Darauf achten, dass keine Luftblasen im Glas bleiben. Mit einer dünnen Ölschicht bedecken und fest verschließen. Hält sich im Kühlschrank aufbewahrt 3–4 Monate.

TIPP: **Zur Abwechslung kann man die Sardellen durch 30 g Pinien- oder Pistazienkerne ersetzen. Frisches, sommerliches Aroma erhält die Tapenade, wenn Sie am Schluss 1 EL fein geraspelte Schale einer Bio-Orange 5 Sekunden/Stufe 3 linksdrehend untermischen.**

Helle Tapenade

Für 1 Glas, 250 ml

1 Knoblauchzehe
1 kleiner Stängel Rosmarin
½ Bio-Zitrone
200 g entsteinte grüne Oliven
15 g eingelegte Kapern
50 g ganze Mandeln ohne Haut
100 ml Olivenöl
1 TL Honig
Salz, Pfeffer

1. Den Knoblauch schälen. Rosmarin waschen, mit Küchenkrepp trocken tupfen und die Nadeln vom Stängel zupfen. (Es sollen etwa 10 g sein.) Die Zitrone waschen, 1 EL Schale fein abraspeln und die halbe Frucht auspressen.
2. Oliven, Knoblauch, Rosmarin, Zitronensaft, Kapern, Mandeln, Öl und Honig in den Mixtopf geben und **10 Sekunden/Stufe 5** zerkleinern (Messbecher!). Den Vorgang wiederholen, wenn die Tapenade sehr fein werden soll.
3. Mit Salz und Pfeffer abschmecken und die Zitronenschale **5 Sekunden/Stufe linksdrehend** unterrühren.
4. Tapenade in ein heiß ausgespültes Schraubglas füllen. Darauf achten, dass keine Luftblasen im Glas bleiben. Mit einer dünnen Ölschicht bedecken und fest verschließen. Hält sich im Kühlschrank aufbewahrt 3–4 Monate.

Tomatentapenade

Für 1 Glas, 250 ml

100 g Cashewkerne oder Macadamianüsse
5 Stängel Basilikum
30 g Parmesan
60 g getrocknete Tomaten (ohne Öl)
100 ml Olivenöl
Balsamessig
Salz, Pfeffer

1. Die Cashewkerne in einer beschichteten Pfann ohne Öl goldgelb rösten. Zum Abkühlen beiseitestellen. Basilikum waschen, mit Küchenkrepp trocken tupfen und die Blätter von den Stängeln zupfen.
2. Parmesan in den Mixtopf geben und mit aufgesetztem Messbecher **10 Sekunden/Stufe 10** reiben.
3. Cashewkerne, Basilikum, Tomaten und Öl dazugeben und **10 Sekunden/Stufe 8** (Messbecher!) pürieren. Mit dem Spatel nach unten schieben und den Vorgang wiederholen.
4. Tapenade mit Balsamessig, Salz und Pfeffer abschmecken.
5. In ein heiß ausgespültes Schraubglas füllen. Darauf achten, dass keine Luftblasen im Glas bleiben. Mit einer dünnen Ölschicht bedecken und fest verschließen. Hält sich im Kühlschrank aufbewahrt 3–4 Monate.

Hummus klassisch

Für ca. 6 Portionen

2–3 Knoblauchzehen
½ Chilischote
2 Zitronen
1 Dose Kichererbsen (265 g Abtropfgewicht)
2 EL Sesampaste (Tahin, Fertigprodukt oder Rezept Seite 28)
1–2 EL Cumin
1 EL Currypulver
Salz, Pfeffer
2 Stängel glatte Petersilie
Paprikapulver zum Bestreuen
2 EL Sesam- oder Olivenöl

1. Die Knoblauchzehen schälen. Die Chilischote waschen, längs aufschlitzen, die Kerne entfernen und das Fruchtfleisch grob zerschneiden. Die Zitronen auspressen.
2. Die Kichererbsen aus der Dose in ein Sieb abgießen, dabei die Flüssigkeit auffangen.
3. Kichererbsen, Knoblauch, Chili, die Hälfte des Zitronensafts, Sesampaste, Cumin und Currypulver in den Mixtopf geben und mit aufgesetztem Messbecher in **30 Sekunden/Stufe 6** zu einer geschmeidigen Paste pürieren.
4. Wenn der Hummus zu dick ist, nach und nach mit der aufgefangenen Kichererbsenflüssigkeit verdünnen.
5. Mit Salz, Pfeffer und dem restlichen Zitronensaft abschmecken. In eine Schüssel umfüllen und zugedeckt mindestens 2 Stunden ziehen lassen.
6. Die Petersilie waschen, trocken schütteln und die Blätter von den Stängeln zupfen. Vor dem Servieren den Hummus mit Paprikapulver bestreuen, mit Öl beträufeln und mit den Petersilienblättern garniert servieren.

TIPP: **Die orientalische Paste schmeckt zu Gemüsesticks genauso wie zu Fladenbrot oder gegrillten Lammkoteletts. Sie können sie auf Vorrat zubereiten, sie hält sich gut verschlossen mindestens 1 Woche im Kühlschrank.**

Avocadohummus

Für ca. 8 Portionen

2 reife Avocados
2 Knoblauchzehen
2 Stängel glatte Petersilie oder Koriander
1 Dose Kichererbsen (265 g Abtropfgewicht)
2 EL Sesampaste (Tahin, Fertigprodukt oder Rezept Seite 28)
1 TL gemahlener Kreuzkümmel
2 EL Olivenöl
Salz, Pfeffer
1–2 EL Zitronensaft, nach Belieben auch mehr

1. Die Avocados längs halbieren, den Kern entfernen und das Fruchtfleisch mit einem Löffel aus der Schale heben. Die Knoblauchzehen abziehen. Petersilie waschen, trocken schütteln und die Blätter von den Stängeln zupfen.
2. Die Kichererbsen in ein Sieb abgießen und kalt abbrausen. Abtropfen lassen und in den Mixtopf geben. Alle übrigen Zutaten (außer Salz, Pfeffer und Zitronensaft) in den Mixtopf geben und mit aufgesetztem Messbecher **15 Sekunden/ Stufe 6** zu einer geschmeidigen Paste verarbeiten. Mit Salz, Pfeffer und Zitronensaft abschmecken.
3. Avocadohummus gleich servieren. Avocados reagieren sehr schnell mit dem Sauerstoff der Luft und werden dann bräunlich und unansehnlich.

Linsenhummus

Für ca. 8 Portionen

1 Knoblauchzehe
150 g Berglinsen
1 Lorbeerblatt
1–2 TL Garam Masala
400 ml Gemüsebrühe
2 EL Walnussöl
50 g Walnusskerne
Salz, Pfeffer
Zitronensaft nach Belieben

1. Die Knoblauchzehe abziehen. Knoblauch, Linsen, Lorbeerblatt, Garam Masala und Gemüsebrühe in den Mixtopf geben und Linsen in **20–25 Minuten/90 °C/ Stufe 1** weich kochen.
2. Walnussöl und -kerne dazugeben und alles **10 Sekunden/Stufe 6** ansteigend mit aufgesetztem Messbecher zu einer feinen Paste pürieren. Mit Salz, Pfeffer und Zitronensaft abschmecken.
3. Linsenhummus lauwarm oder kalt mit Fladenbrot servieren. Zum Aufbewahren in Schraubgläser füllen und diese verschließen – hält sich bis zu 1 Woche im Kühlschrank.

INFO: **Garam Masala ist eine klassische indische Gewürzmischung, die hauptsächlich aus Kardamom, Koriander, Zimt, Gewürznelken und Pfeffer besteht. Es können auch noch Chili, Ingwer, Safran oder Fenchelsamen enthalten sein. Sie finden die Mischung mittlerweile in gut sortierten Supermärkten.**

Kokosaufstrich mit Schokolade

Für 3 Gläser à ca. 250 ml

180 g Kokosflocken
100 g Zucker
200 g weiße Schokolade
140 g Butter
200 ml Milch

1. Kokosflocken und Zucker in den Mixtopf geben und mit aufgesetztem Messbecher **25 Sekunden/Stufe 10** pulverisieren.
2. Die Schokolade grob zerhacken, dazugeben und **7 Sekunden/Stufe 10** zerkleinern.
3. Butter und Milch dazugeben und in **6 Minuten/60 °C/Stufe 3** zu einer weichen Creme rühren.
4. Creme in heiß ausgespülte Schraubgläser füllen, diese verschließen, abkühlen lassen und im Kühlschrank aufbewahren. Hält sich mindestens 3–4 Wochen.

TIPP: **Auf den schneeweißen Aufstrich passen gut Erdbeeren oder anderes Obst. Für ein bisschen Crunch können Sie 30 g Schokolade fein hacken, beiseitelegen und nach dem Erkalten der Creme unterheben. Wem weiße Schokolade zu süß ist, der kann auch eine zartbittere dunkle Variante zubereiten.**

Zwetschgenmus

Für 4 Gläser à ca. 200 ml

1 kg reife Zwetschgen
1 Vanilleschote
150 g brauner Zucker
½ Pck. Zitronensäure oder 2 EL Zitronensaft
½–1 TL gemahlener Zimt

1. Die Zwetschgen waschen, entsteinen und in den Mixtopf geben. Den Messbecher aufsetzen und Früchte **7 Sekunden/Stufe 5** zerkleinern. Die Vanilleschote längs aufschlitzen, das Mark herauskratzen und zu den Zwetschgen geben.
2. Die übrigen Zutaten dazugeben und das Ganze **35 Minuten/Varoma/Stufe 1,5** einkochen lassen. Garkörbchen als Spritzschutz aufsetzen! Je nach gewünschter Konsistenz die Kochzeit um 5–10 Minuten verlängern.
3. Zwetschgen mit Messbecher **12 Sekunden/Stufe 8** pürieren und heiß in vorbereitete Schraubgläser füllen. Fest verschließen und kopfüber auskühlen lassen.

TIPP: **1 EL Kakaopulver oder 50 g zartbittere Schokolade geben zusätzliches Aroma. Wenn keine Kinder mitessen, können Sie auch etwas Rum oder Grand Marnier am Ende der Kochzeit unterrühren.**

Lemon Curd

Für 2 Gläser à ca. 200 ml

2 Bio-Zitronen
150 g Zucker
75 g Butter
3 Eier

1. Die Zitronen waschen und die Schale fein abraspeln. Die Früchte auspressen. (Das soll ca. 80 ml Saft ergeben.)
2. Zucker mit Zitronenabrieb in den Mixtopf füllen und mit aufgesetztem Messbecher **20 Sekunden/Stufe 10** zu Puderzucker mahlen.
3. Den Schmetterling einsetzen, Zitronensaft sowie die Butter in Stückchen dazugeben und **5 Minuten/50 °C/Stufe 3** schmelzen und schaumig rühren.
4. Die Eier in einer Schüssel verquirlen, zur Zitronenmasse geben und weitere **10–15 Minuten/90 °C/Stufe 2,5** rühren, bis eine dickliche Masse entstanden ist.
5. Heiß in die vorbereiteten Schraubgläser füllen, verschließen und kopfüber abkühlen lassen. Hält sich im Kühlschrank 4–5 Wochen.

INFO: **Die englische Zitronencreme wird klassisch als Brotaufstrich verwendet. Sie eignet sich auch als Creme unter Obsttartelettes und überall dort, wo Buttercreme im Spiel ist.**

Geflügelleber-Streichwurst

Für 2 Gläser à ca. 150 ml

1 Zwiebel
1 Stange Lauch
2 Stängel Thymian
3 EL Rapsöl
50 g Schinkenwürfel (aus dem Kühlregal)
200 g frische Geflügelleber
1 TL Salz
Pfeffer
½ TL gemahlener Zimt
50 g Sahne

1. Die Zwiebel abziehen und vierteln. Den Lauch putzen, gut waschen und die weißen Teile grob zerschneiden (das Grün anderweitig verwenden). Den Thymian waschen, trocken schütteln und die Blätter von den Stängeln zupfen.
2. Zwiebel und Lauch mit 1 EL Öl in den Mixtopf geben und mit aufgesetztem Messbecher **5 Sekunden/Stufe 5** zerkleinern. Mit dem Spatel nach unten schieben, die Schinkenwürfel dazugeben und **4 Minuten/120 °C/Stufe 2** andünsten.
3. Die Geflügelleber von Sehnen befreien, mit Thymian und den Gewürzen in den Mixtopf geben und **10 Sekunden/Stufe 4** zerkleinern. Dann mit dem restlichen Öl **10 Minuten/90 °C/Stufe 3** sanft dünsten lassen.
4. Die Sahne angießen und alles mit Messbecher **10 Sekunden/Stufe 7** pürieren. Aufstrich sofort in heiß gespülte Schraubgläser füllen und fest verschließen. Abkühlen lassen und im Kühlschrank aufbewahren. Hält sich verschlossen 2 Wochen. Wenn das Glas geöffnet ist, in 3–4 Tagen verbrauchen!

TIPP: **Nach diesem Rezept können Sie ebenso Kalbs- oder Rinderleberaufstrich zubereiten. Gut macht sich auch ein kleiner Apfel, den Sie geschält und gewürfelt zusammen mit der Zwiebel und dem Lauch andünsten können.**

Ajvar

Für 2 Gläser à 250 ml

½ kg rote Paprikaschoten
200 g Aubergine
1–2 Peperoni je nach Geschmack
2–3 Knoblauchzehen
30 ml Olivenöl
2 TL Salz + etwas zum Würzen
2 TL Zucker + etwas zum Würzen
50 ml weißer Essig + etwas zum Würzen
Pfeffer

1. Den Backofen auf 200 °C (Umluft 180 °C) vorheizen. Die Paprikaschoten waschen, putzen und halbieren. Die Kerne entfernen. Die Aubergine waschen, putzen und längs halbieren.
2. Ein Backblech mit Backpapier auslegen (oder dünn mit Öl bepinseln), die Auberginen- und Paprikahälften mit der Hautseite nach oben darauf verteilen und 30–35 Minuten im Ofen backen, bis die Paprikahaut Blasen wirft. Blech aus dem Ofen holen und Gemüse mit einem feuchten Küchentuch bedecken.
3. Die Peperoni waschen, längs aufschlitzen und die Kerne entfernen. Die Knoblauchzehen schälen. Beides mit dem Olivenöl in den Mixtopf geben und mit aufgesetztem Messbecher **3 Sekunden/Stufe 5** zerkleinern. Mit dem Spatel nach unten schieben.
4. Von den abgekühlten Paprika- und Auberginenhälften die Haut abziehen und das Fruchtfleisch in den Mixtopf geben. **10 Minuten/120 °C/Stufe 1,5** andünsten.
5. Salz, Zucker und Essig dazugeben und alles **10 Sekunden/Stufe 6** pürieren (Messbecher!).
6. Ajvar mit Salz, Zucker, Essig und Pfeffer abschmecken und heiß in vorbereitete Schraubgläser füllen. Fest verschließen und kopfüber erkalten lassen. Hält etwa 6 Monate.

Müslimischungen

Fertige Müslis enthalten leider oft viel Zucker, häufig auch Fett aus Palmöl, Getreide aus fragwürdigem Anbau und Zusatzstoffe. So ist das eigentlich gesunde Frühstück in die Kritik geraten. Mit Bio- und Nussmüslis sind Sie da schon auf der sicheren Seite. Wenn Sie aber genau wissen wollen, was in Ihrem Müsli steckt, können Sie es einfach selbst mischen und in luftdicht verschließbaren Gläsern aufbewahren.

Einfaches Müsli Grundrezept

Für ca. 50 Portionen

250 g Honig
500 g grobe Haferflocken
150 g Sonnenblumenkerne

1. Den Backofen auf 150 °C (Umluft 130 °C) vorheizen. Den Honig in den Mixtopf geben und **3 Minuten/75 °C/Stufe 1,5** flüssig werden lassen.
2. Die übrigen Zutaten dazugeben und **3 Minuten/70 °C/Stufe 2 linksdrehend** vermischen.
3. Ein Backblech mit Backpapier auslegen und die Masse darauf verstreichen. Etwa 30 Minuten im Ofen knusprig rösten, dabei öfter durchrühren. Müsli vollständig auskühlen lassen und in saubere Schraubgläser füllen.

VARIANTE: **Ein leckeres Schokoladenmüsli erhalten Sie, wenn Sie 100 g des Honigs durch 100 g zartbittere Schokolade und 1 EL Rohkakao ersetzen.**

Nussmüsli

Für ca. 25 Portionen

100 g ganze Mandeln mit Haut
100 g Walnusskerne
50 g Macadamianüsse
50 g Chiasamen
50 g Sonnenblumenkerne
50 g Getreide- oder Pseudogetreideflocken (z. B. Haferflocken, Hirse oder Quinoa)
50 g Rosinen oder andere Trockenfrüchte

1. Die Mandeln und Nüsse in den Mixtopf geben und mit aufgesetztem Messbecher **4 Sekunden/Stufe 6** zerkleinern. Die restlichen Zutaten dazugeben und **5 Sekunden/Stufe 3** vermischen.
2. Die Mischung in einem gut verschließbaren Schraubglas aufbewahren und bei Bedarf 2 EL pro Portion entnehmen. Mit Milch, Buttermilch oder Joghurt vermischen und frische Beeren dazu reichen. Hält gut verschlossen 4–6 Monate.

VARIANTE: **Länger haltbar und aromatischer wird Ihre Müslimischung, wenn Sie die zerkleinerten Zutaten mit 2 Eiweißen (Größe M) vermischen, auf einem mit Backpapier belegten Blech verteilen und bei 120 °C (Umluft 100 °C) ca. 1 Stunde im Ofen trocknen lassen. Dabei alle 15 Minuten durchmischen.**

Quinoamüsli (glutenfrei)

Für 25 Portionen

50 g Leinsamen
50 g Cashewkerne
100 g helle Quinoa
Salz
300 ml Wasser
100 g ganze Mandeln mit Haut
40 g Sesamsaat
30 g Sesamöl
30 g Eiweißpulver (Reformhaus oder Drogeriemarkt)
1 TL Vanilleextrakt (Fertigprodukt oder Rezept Seite 89)
1 TL gemahlener Zimt

1. Leinsamen in den Mixtopf geben und mit aufgesetztem Messbecher **30 Sekunden/Stufe 10** schroten. In eine Schüssel umfüllen und beiseitestellen.
2. Cashewkerne in den Mixtopf geben und **8 Sekunden/Stufe 6** zerkleinern (Messbecher!). Zum Leinsamen in die Schüssel geben.
3. Quinoa in ein feines Sieb geben, heiß abbrausen und abtropfen lassen. Dann in den Mixtopf füllen, Salzwasser dazugeben und in **6 Minuten/100 °C/Stufe 0,5** aufkochen lassen. Quinoa 10–12 Minuten zu einem lockeren Brei quellen lassen.
4. Den Backofen auf 170 °C (Umluft 150 °C) vorheizen. Die übrigen Zutaten zur Quinoa in den Mixtopf geben und **20 Sekunden/Stufe 3 linksdrehend** gut vermischen.
5. Ein Backblech mit Backpapier auslegen und die Masse darauf verstreichen. 40–50 Minuten im Ofen backen, bis die Masse trocken und knusprig ist. Abkühlen lassen, zu Flakes zerkrümeln und in ein sauberes Schraubglas füllen. Hält sich fest verschlossen 4–6 Monate.

INFO: Quinoa, ein Pseudogetreide, ist besonders eiweißhaltig mit relativ wenig Kalorien und Kohlenhydraten und zudem glutenfrei. Es ist in Rot, Weiß und Schwarz (auch mal bunt gemischt) erhältlich. Die perlweißen Körner sind eher mild, die roten nussig und kerniger, die schwarzen intensiv im Geschmack und recht bissfest.

Sportlermüsliriegel

Für ca. 16 Stück

200 g Haferflocken
50 g Kürbiskerne
50 g Cranberrys
½ TL gemahlener Zimt
100 g entsteinte Datteln
50 g Kokosöl
100 ml Wasser

1. Den Backofen auf 160 °C (Umluft 140 °C) vorheizen.
2. 100 g Haferflocken in den Mixtopf füllen und mit aufgesetztem Messbecher **30 Sekunden/Stufe 10** zu Mehl mahlen. In eine Schüssel umfüllen und die restlichen Haferflocken dazumischen.
3. Kürbiskerne und Cranberrys in den Mixtopf geben und **5 Sekunden/Stufe 5** zerkleinern (Messbecher!). Mit dem Zimt zu den Haferflocken geben.
4. Die Datteln in den Mixtopf geben und **5 Sekunden/Stufe 5** zerkleinern. Mit dem Spatel nach unten schieben, Kokosöl und Wasser dazugeben und **10 Minuten/70 °C/Stufe 1** erhitzen. Anschließend alles **15 Sekunden/Stufe 7** zu einer feinen Masse pürieren.
5. Die Haferflockenmischung dazugeben und alles **7 Sekunden/Stufe 3** zu einem Teig verrühren.
6. Den Teig auf der Arbeitsfläche 1 ½ cm dick ausrollen und in Riegel von ca. 10 x 4 cm Größe schneiden. Die Riegel auf ein mit Backpapier ausgelegtes Backblech geben und 30 Minuten im Ofen goldgelb backen.
7. Riegel gut auskühlen lassen und zum Aufbewahren in eine Dose legen oder mit Backpapier umwickeln. Sie halten sich etwa 2–3 Wochen.

TIPP: **Damit beim Ausrollen nichts klebt, können Sie die Masse mit Klarsichtfolie bedecken.**

Dattelmüsliriegel

Für ca. 16 Stück

220 g entsteinte Datteln
150 ml Wasser (lauwarm)
70 g Trockenobst nach Belieben
60 g Nussmus (Erdnuss oder Mandel nach Belieben)
50 g ganze Mandeln, Haselnüsse oder Walnusskerne mit Haut
200 g zarte Haferflocken
200 g kernige Haferflocken
30 g gepufftes Getreide (z. B. Buchweizen, Dinkel, Hirse)

1. Datteln mit dem lauwarmen Wasser in den Mixtopf geben und 30 Minuten einweichen.
2. Den Backofen auf 180 °C (Umluft 160 °C) vorheizen. Trockenobst zu den Datteln in den Mixtopf geben und mit aufgesetztem Messbecher **30 Sekunden/Stufe 7** pürieren.
3. Die übrigen Zutaten hinzufügen und **2 Minuten/Teigstufe** zu einer klebrigen Masse verkneten.
4. Ein Backblech mit Backpapier auslegen und die Masse ca. 2 cm dick darauf verstreichen. 20–25 Minuten im Ofen backen. Blech herausnehmen und Masse vollständig auskühlen lassen. Dann in Riegel schneiden und diese zum Aufbewahren in eine gut verschließbare Box legen. Die Riegel halten 2–3 Wochen.

Müsliriegel mit Chiasamen

Für ca. 20 Stück

50 g Chiasamen
100 ml Wasser
150 g ganze Mandeln oder Haselnüsse mit Haut
100 g Walnusskerne
50 g Sesam- oder Leinsamen
50 g Kokosöl
125 g Haferflocken
½ Bio-Orange
50 g Cranberrys
50 g Rosinen
50 g Honig
1 Prise Salz

1. Die Chiasamen in einer Schüssel mit dem Wasser verrühren und 15–30 Minuten einweichen.
2. Backofen auf 180 °C (Umluft 160 °C) vorheizen. Mandeln, Nüsse und Samen in den Mixtopf geben und mit aufgesetztem Messbecher **15 Sekunden/Stufe 6** zerkleinern. In eine Schüssel umfüllen.
3. Das Kokosöl in den Mixtopf geben und **1 Minute/80 °C/Stufe 1** schmelzen. Die Haferflocken dazugeben und **3 Minuten/100 °C/Stufe 2** andünsten.
4. Die Orange waschen, von der halben Frucht die Schale abraspeln und den Saft auspressen. Mit allen übrigen Zutaten in den Mixtopf geben, die Nüsse wieder hinzufügen und alles **20 Sekunden/Stufe 4 linksdrehend** (Messbecher!) gut vermischen.
5. Ein Backblech mit Backpapier auslegen und die Masse zu einem ca. 20 x 20 cm großen Quadrat verstreichen. 20 Minuten im vorgeheizten Backofen auf der mittleren Schiene backen. Auskühlen lassen und in den Kühlschrank geben, damit die Masse ganz fest wird.
6. Müslimasse in Riegel schneiden, diese einzeln in Backpapier, Butterbrotpapier oder Klarsichtfolie verpacken und im Kühlschrank aufbewahren. Sie halten sich 1–2 Wochen.

Granola

Für ca. 25 Portionen

100 g Dinkelflocken
30 g Leinsamen
50 g ganze Mandeln oder Haselnüsse mit Haut
50 g Kokosöl
200 g Haferflocken
50 g Sonnenblumen- oder Kürbiskerne
50 g Kokoschips
50 g Trockenfrüchte (z. B. Rosinen, Cranberrys)
Zimt nach Belieben
2 EL Sirup (z. B. Ahorn- oder Holunderblütensirup)

1. Den Backofen auf 160 °C (Umluft 140 °C) vorheizen. 2 Backbleche mit Backpapier auslegen.
2. Dinkelflocken und Leinsamen in den Mixtopf füllen und mit aufgesetztem Messbecher **10 Sekunden/Stufe 8** schroten. Die Mandeln dazugeben und weitere **5 Sekunden/Stufe 8** zerkleinern. Das Kokosöl dazugeben und alles **4 Minuten/100 °C/Stufe 2** andünsten.
3. Haferflocken, Sonnenblumenkerne, Kokoschips, Trockenfrüchte, Zimt und Sirup hinzufügen und **10 Sekunden/Stufe 4** durchmischen.
4. Mischung gleichmäßig auf den Backblechen verteilen und 30 Minuten im Ofen backen. Dabei alle 10 Minuten durchrühren.
5. Müsli vollständig auskühlen lassen und in ein sauberes Schraubglas füllen. Hält sich verschlossen etwa 4 Wochen.

TIPP: **Dieses Rezept kann nach Belieben variiert werden. Gut eignen sich Chiasamen, Schokoladenraspel, ungesüßte Cornflakes oder – in der Weihnachtszeit – Lebkuchengewürz (Rezept Seite 94).**

Senf

Die vielfältigen Senfkreationen in Feinkostgeschäften und auf Märkten erfreuen Augen und Gaumen. Die Preise dafür begeistern eher weniger. Dabei ist es – gerade mit dem Thermomix® – ganz einfach, selbst Senf herzustellen und mit fruchtigen oder würzigen Zutaten die Lieblingskreationen nachzubauen. So bekommen Sie garantiert »Hausmacher-Senf«, den es nirgends zu kaufen gibt.
Wir stellen Ihnen zwei Grundrezepte vor – und dazu noch Fruchtsenf –, die Sie alle nach Belieben variieren und erweitern können.

Feiner Senf-Grundrezept

Für 3 Gläser à ca. 250 g

250 g gelbe Senfkörner
200 ml Wasser
150 ml weißer Essig (5 % Säure)
100 g Zucker
25 g Salz
1 TL gemahlene Kurkuma
2 EL Rapsöl

1. Senfkörner in den Mixtopf geben und mit aufgesetztem Messbecher **2 x 30 Sekunden/Stufe 10** mahlen. Dazwischen kurz warten, damit die Körner wieder abkühlen können.
2. Wasser dazugießen und **5 Sekunden/Stufe 3** verrühren. Mischung 15 Minuten quellen lassen.
3. Die übrigen Zutaten (außer dem Öl) dazugeben und **6 Minuten/Stufe 5** mit Messbecher verrühren. Dabei darauf achten, dass sich die Masse nicht über 37 °C erhitzt. Wenn das Kontrolllämpchen aufleuchtet, Thermomix® einfach abschalten, abkühlen lassen und dann weitermachen.
4. Masse komplett abkühlen lassen, dann das Öl dazugeben und **30 Sekunden/Stufe 3** unterrühren.
5. Senf in heiß ausgespülte Schraubgläser füllen, fest verschließen und vor Gebrauch 3 Tage stehen lassen, damit sich das Aroma ganz entfalten kann. Danach hält er im Kühlschrank 5–6 Monate.

TIPP: **Zum Würzen eignen sich Chiliflocken, Nüsse, verschiedene Würzpulver, frische Kräuter, eingelegte Kapern oder Pfefferkörner und vieles mehr – einfach ausprobieren.**

Grober Senf-Grundrezept

Für 3 Gläser à 250 g

150 g gelbe Senfkörner
100 g schwarze Senfkörner
200 ml Wasser
150 ml weißer Essig (5 % Säure)
1 TL Salz
130 g brauner Zucker

1. Die gelben Senfkörner in den Mixtopf geben und mit aufgesetztem Messbecher **5 Sekunden/Stufe 10** mahlen. Die schwarzen Senfkörner dazugeben und weitere **5–7 Sekunden/Stufe 10** mahlen. Im Pulver sollen noch Stücke zu erkennen sein.
2. Wasser, Essig, Salz und Zucker dazugeben und alles **7 Minuten/100 °C/Stufe 2** aufkochen lassen.
3. In der Zwischenzeit die Gläser mit kochendem Wasser ausspülen. Den noch heißen Senf in die Gläser füllen, diese fest verschließen und abkühlen lassen.
4. Den Senf im Kühlschrank 2–3 Wochen ruhen lassen – je länger, desto besser wird das Aroma.

TIPP: **Für süßen Senf können Sie am Schluss noch 2–3 EL Honig unterrühren und nach Belieben mit Zimt-, Nelken- oder Korianderpulver würzen.**
Sie können auch etwas vom Dattelaufstrich (Rezept Seite 26) untermischen. Das gibt es garantiert so nirgends zu kaufen!

Feigensenf mit frischen Feigen

Für 2 Gläser à ca. 200 ml

2 Schalotten
300 g frische, reife Feigen
20 g Butter
50 g brauner Zucker
50 ml Apfel- oder Himbeeressig nach Belieben
1 TL Salz
3 EL feiner Senf (Grundrezept Seite 53, ersatzweise scharfer Senf, z. B. Dijon)
3 EL grober Senf (Grundrezept Seite 54, ersatzweise brauner Senf, z. B. Weißwurstsenf)

1. Die Schalotten abziehen, halbieren und in den Mixtopf geben, mit aufgesetztem Messbecher **2 x 3 Sekunden/Stufe 5** zerkleinern.
2. Die Feigen behutsam waschen und trocken tupfen. Die Stielansätze entfernen und die Früchte vierteln.
3. Die Butter in den Mixtopf zu den Schalotten geben und **25 Sekunden/100 °C/Stufe 2** schmelzen lassen. Die Feigen einfüllen und **4 Minuten/100 °C/Stufe 1,5 linksdrehend** andünsten.
4. Den Zucker dazugeben und **3 Minuten/100 °C/Stufe 1,5 linksdrehend** karamellisieren lassen. Mit Essig ablöschen, salzen und alles **5–6 Minuten/90 °C/Stufe 1** sanft kochen lassen. Wenn die Feigen noch nicht weich sind, geben Sie 1–2 Minuten Kochzeit dazu.
5. Feigen **4 Sekunden/Stufe 4** nicht zu fein pürieren und dann die beiden Senfsorten **10 Sekunden/Stufe 3** unterrühren. Feigensenf noch heiß in die vorbereiteten Schraubgläser füllen. Er hält sich im Kühlschrank 3–4 Wochen.

TIPP: Ein Hauch Ingwer macht sich gut im fruchtigen Senf: ein etwa walnussgroßes Stück Ingwer schälen, fein reiben und vor dem Kochen unter Schritt 4 zur Masse geben.

Feigensenf mit getrockneten Feigen

Für 2 Gläser à ca. 250 ml

125 g Senfsaat
50 g brauner Zucker
½ TL Salz
50 ml Wasser
150 g getrocknete Feigen
125 ml Apfelsaft
125 g Gelierzucker 1 : 2
50 ml weißer Balsamessig

1. Senfsaat, Zucker und Salz in den Mixtopf geben und mit aufgesetztem Messbecher **10 Sekunden/Stufe 10** fein mahlen. In eine kleine Schüssel umfüllen, mit dem Wasser vermischen und quellen lassen. Mixtopf nicht spülen.
2. Von den Feigen die harten Stiele entfernen, Früchte grob zerschneiden, mit dem Apfelsaft in den Mixtopf füllen und in **7 Minuten /100°/Stufe 2** aufkochen lassen. Dann **6 Sekunden/Stufe 8** pürieren (Messbecher!).
3. Gelierzucker und Balsamessig dazugeben und nochmals **2 Minuten/100°/Stufe 2** aufkochen lassen.
4. Das gequollene Senfmehl dazugeben und **10 Sekunden/Stufe 3 linksdrehend** gut vermischen. Senf heiß in vorbereitete Schraubgläser füllen, diese gut verschließen und kopfüber auskühlen lassen. Der Senf hält sich im Kühlschrank 5–6 Monate.

TIPP: **Kinderlose Haushalte können statt des Apfelsafts auch Portwein verwenden.**

Himbeersenf

Für 2 Gläser à ca. 200 g

120 g gelbe Senfkörner
2 TL Rohrzucker
200 g frische Himbeeren
100 ml Himbeeressig
2 TL Salz

1. Senfkörner und Rohrzucker in den Mixtopf geben und mit aufgesetztem Messbecher **20 Sekunden/Stufe 10** fein mahlen. In eine Schüssel umfüllen. Mixtopf nicht spülen.
2. Himbeeren verlesen, waschen und vorsichtig trocken tupfen. Mit Himbeeressig und Salz in den Mixtopf füllen und **12 Minuten/100 °C/Stufe 2** kochen, bis die Himbeeren zu Mus geworden sind. Abkühlen lassen.
3. Die gemahlenen Senfkörner dazugeben und **20 Sekunden/Stufe 4** gut einrühren.
4. Senf in sehr saubere Schraubgläser füllen, diese fest verschließen, abkühlen lassen und Senf im Kühlschrank 2 Wochen durchziehen lassen. Er ist ca. 6–8 Wochen haltbar.

TIPP: **Je länger der Senf im Kühlschrank zieht, desto milder, aber auch aromatischer wird er. Himbeersenf im Winter? Kein Problem: Nehmen Sie einfach TK-Himbeeren. Oder Heidelbeeren oder Brombeeren …**

Suppenpulver und -paste

Die handelsüblichen Würfel, Pulver und Granulate zum Beispiel für Gemüsebrühe enthalten oft nur 5 Prozent Gemüse. Damit das Ganze trotzdem nach etwas schmeckt und auch die Gläser füllt, kommen viel Salz, Zucker und Hefeextrakt zum Einsatz. Möchten Sie diese Suppen wirklich löffeln? Oder Ihre Saucen damit würzen?

Brühepulver macht zwar etwas Arbeit, ist aber lange haltbar. Sie können die Gemüsezutaten je nach Saison und Geschmack variieren und sogar Gemüsereste dafür verwenden – das ist ein weiterer Vorteil von hausgemacht. Ihre Geschmacksnerven und Ihr Geldbeutel werden es Ihnen danken.

Gemüsebrühepulver Grundrezept

Für 3 Gläser à ca. 200 g

500 g Möhren
300 g Lauch
200 g Knollensellerie
200 g Zwiebeln
2–3 Knoblauchzehen, nach Belieben auch mehr
100 g glatte Petersilie
50 g frisches Liebstöckel (»Maggikraut«)
100 g Meersalz

1. Das Gemüse putzen, bei Bedarf schälen, waschen und grob in Stücke schneiden. Die Kräuter waschen, trocken schütteln und die Blätter von den Stängeln zupfen. In 2 Portionen in den Mixtopf füllen und jeweils mit aufgesetztem Messbecher **10 Sekunden/Stufe 8** zerkleinern.
2. Die Masse **10 Sekunden/Stufe 3** mit Meersalz vermischen und auf 2–3 mit Backpapier ausgelegte Bleche streichen. Dann ca. 7–8 Stunden bei 80 °C (Umluft 60 °C) im Backofen bei etwas geöffneter Tür (Kochlöffel in die Ofentür klemmen) trocknen. (An heißen Tagen im Sommer können Sie die Mischung auch an der Sonne trocknen.)
3. Das getrocknete Gemüse in den Mixtopf füllen, zwischen Deckel und Messbecher ein Küchenpapier klemmen (Es staubt!) und Gemüse **20 Sekunden/Stufe 10** pulverisieren.
4. Pulver in saubere und trockene Schraubgläser füllen und gut verschließen. Es hält 6 Monate.

TIPP: **Mit dem getrockneten Gemüse können Sie auch noch etwa 50 g getrocknete Pilze oder 1–2 EL getrockneten Thymian, Majoran oder Oregano mahlen. Wer es scharf liebt, nimmt zusätzlich Chiliflocken oder rosenscharfes Paprikapulver.**

»Tütensuppe«

Für 4 Gläser à ca. 200 ml

1 kg Gemüsereste (außer Kartoffeln)
Knoblauch oder frischer Ingwer nach Belieben
30 g frische Kräuter nach Belieben (z. B. Petersilie, Fenchelgrün oder Thymian)
50 g Meersalz
feine Suppennudeln, Buchstaben-, Glasnudeln oder Couscous
Salz, Pfeffer

1. Sammeln Sie geputzte Gemüsereste, die beim Kochen anfallen, in Gefriertüten in Ihrem Tiefkühler. Wenn genug beisammen ist, können Sie mit der Zubereitung Ihrer »Tütensuppe« beginnen.
2. Knoblauch und Ingwer schälen. Ingwer grob hacken. Kräuter waschen, trocken schütteln und ebenfalls grob hacken.
3. Gemüse, Ingwer, Knoblauch und Kräuter in 2–3 Portionen in den Mixtopf geben und mit aufgesetztem Messbecher **10 Sekunden/Stufe 8** zerkleinern. Dann Salz **15 Sekunden/Stufe 3** einrühren.
4. Die Masse auf 2–3 mit Backpapier ausgelegte Bleche streichen und ca. 7–8 Stunden bei 80 °C (Umluft 60 °C) im Backofen bei leicht geöffneter Tür (Kochlöffel in die Ofentür klemmen) trocknen.
5. Mischung mit rohen Teigwaren nach Belieben vermengen und in trockene Schraubgläser füllen.
6. Zum Zubereiten der Suppe pro Teller ca. 2 EL von der Mischung in 300 ml kochendes Wasser geben und 5 Minuten sanft köcheln lassen. Mit Salz und Pfeffer abschmecken.

TIPP: Wenn Sie das Gemüse für die »Tütensuppe« getrennt sammeln, zerkleinern und jeweils auf 1 Backblech geben, können Sie auch zum Beispiel Lauch-Sellerie-Suppe oder Möhren-Zucchini-Suppe zubereiten. Beschriften der Gläser nicht vergessen! Gut verschlossen, damit keine Feuchtigkeit eindringen kann, hält das Pulver etwa 6 Monate.

Gemüsepaste für Brühe und Saucen

Für 3 Gläser à ca. 200 ml

200 g Brokkoli
200 g Fenchel
250 g Möhren
100 g Zwiebeln
200 g Tomaten
150 g Grünkohl
1 Knoblauchzehe
1 Stück frischer Ingwer (haselnussgroß)
50 g braune Champignons
30 g frische gemischte Kräuter (z. B. Petersilie, Thymian und Oregano)
100 g grobes Meersalz
2 TL gemahlene Kurkuma
½–1 TL schwarzer Pfeffer
2 EL Olivenöl
50 ml Wasser

1. Das Gemüse waschen, putzen und grob zerschneiden. Knoblauchzehe und Ingwer schälen. Champignons mit Küchenkrepp abreiben und halbieren. Die Kräuter waschen, trocken schütteln und die Blätter von den Stängeln zupfen.
2. Brokkoli, Fenchel, Möhren, Zwiebeln, Knoblauch und Ingwer in 2 Portionen in den Mixtopf geben und mit aufgesetztem Messbecher jeweils **5 Sekunden/Stufe 5** zerkleinern. Dann in eine Schüssel umfüllen. Grünkohl, Champignons, Tomaten und Kräuter in den Mixtopf geben und mithilfe des Spatels **5 Sekunden/Stufe 5** zerkleinern. Mit dem Spatel nach unten schieben und das Gemüse aus der Schüssel dazugeben.

3. Salz, Kurkuma, Pfeffer, Olivenöl und Wasser hinzufügen, den Gareinsatz als Spritzschutz auf den Deckel stellen und alles **30 Minuten/120 °C/Stufe 2** einkochen. Die Masse eventuell zwischendurch mit dem Spatel nach unten schieben.
4. Messbecher aufsetzen und das Ganze **25 Sekunden/Stufe 8–10** ansteigend zu einer cremigen Paste pürieren. In vorbereitete Schraubgläser füllen, diese fest verschließen und kopfüber abkühlen lassen. Im Kühlschrank aufbewahren.

INFO: **Hält sich bis zu 3 Monate im Kühlschrank. Für eine Brühe nehmen Sie jeweils 1 gehäuften EL für 500 ml Wasser. Sie können die Paste überall dort zum Einsatz bringen, wo in den Rezepten Gemüsebrühe steht, können aber auch Saucen damit verfeinern.**

TIPP: **Je nach Saison und Laune können Sie auch andere Gemüsesorten für die Paste verarbeiten. Es sollte aber immer ca. 1 kg Gemüse sein. Harte und blättrige Sorten am besten getrennt zerkleinern. Für mehr Pilzaroma können Sie zusätzlich 15 g getrocknete Steinpilze etwa 20 Minuten in 50 ml lauwarmem Wasser einweichen und in Schritt 4 mit dem Einweichwasser in den Mixtopf geben.**

Paste für Geflügelbrühe

Für 3 Gläser à 200 ml

400 g Hähnchenfleisch
1 große Zwiebel
150 g Möhren
100 g Petersilienwurzel
75 g Knollensellerie
1 Stange Lauch
1–2 Knoblauchzehen
2 Stängel glatte Petersilie
2 EL Rapsöl
2 Lorbeerblätter
1 TL gemahlener weißer Pfeffer
25 g grobes Meersalz
50 ml Wasser

1. Das Hähnchenfleisch – wenn nötig – von der Haut befreien, in etwa 2 cm große Würfel schneiden und auf einem gefrierfesten Teller ausgebreitet 30 Minuten in den Tiefkühler stellen.
2. In der Zwischenzeit die Zwiebel abziehen und vierteln. Möhren, Petersilienwurzel und Knollensellerie schälen, putzen und grob zerschneiden. Lauch putzen, gründlich waschen und in grobe Ringe schneiden. Knoblauch schälen. Petersilie waschen, trocken schütteln und mit den Stängeln grob hacken.
3. Das leicht gefrorene Fleisch in 2 Portionen in den Mixtopf geben und mit aufgesetztem Messbecher jeweils **10 Sekunden/Stufe 6** zerkleinern. In eine Schüssel umfüllen. Mixtopf nicht spülen.
4. Das vorbereitete Gemüse mit dem Öl in den Mixtopf geben und mit aufgesetztem Messbecher **10 Sekunden/Stufe 5** zerkleinern. Mit dem Spatel nach unten schieben und **5 Minuten/100 °C/Stufe 1,5** andünsten.
5. Fleisch, Gewürze und Wasser dazugeben und offen **30 Minuten/100 °C/Stufe 2** einkochen. Dabei das Garkörbchen als Spritzschutz auf den Deckel stellen.
6. Die Zutaten im Mixtopf mit aufgesetztem Messbecher **40 Sekunden/Stufe 8–10** ansteigend zu einer Paste mixen und heiß in vorbereitete Schraubgläser füllen. Gleich fest verschließen und dann abgekühlt im Kühlschrank aufbewahren. Hält sich ungeöffnet 2–3 Monate.

TIPP: **Je nach gewünschter Intensität löst man für eine Hühnerbrühe 1 oder 2 EL Brühepaste in 500 ml kochendem Wasser auf.**

Paste für Rinderbrühe

Für 3 Gläser à 200 ml

1 große Zwiebel
150 g Möhren
100 g Knollensellerie
1 Stange Lauch
2 Knoblauchzehen
2 Stängel glatte Petersilie
2 EL Rapsöl
50 g getrocknete Tomaten ohne Öl
300 g Rinderhackfleisch
1 TL getrockneter Majoran oder Thymian
1 TL gemahlener schwarzer Pfeffer
2 Lorbeerblätter
3 Wacholderbeeren
25 g grobes Meersalz
50 ml Wasser, Rotwein oder Sherry

1. Die Zwiebel abziehen und vierteln. Möhren und Sellerie putzen und schälen, Lauch putzen, gründlich waschen und alles grob zerschneiden. Den Knoblauch schälen. Die Petersilie waschen, trocken schütteln und mit den Stängeln grob hacken.
2. Gemüse mit dem Öl in den Mixtopf geben und mit aufgesetztem Messbecher **10 Sekunden/Stufe 5** zerkleinern. Mit dem Spatel nach unten schieben und **5 Minuten/100 °C/Stufe 1,5** andünsten.
3. Alle übrigen Zutaten mit dem Spatel unterheben und das Ganze offen **30 Minuten/100 °C/Stufe 2** einkochen lassen. Dabei das Garkörbchen als Spritzschutz auf den Deckel stellen.
4. Die Zutaten im Mixtopf mit aufgesetztem Messbecher **40 Sekunden/Stufe 8–10** ansteigend zu einer Paste mixen und heiß in vorbereitete Schraubgläser füllen. Gleich fest verschließen und abgekühlt im Kühlschrank aufbewahren. Hält sich ungeöffnet 2–3 Monate.

TIPP: Zusätzlich passen auch 25 g getrocknete Pilze in die Paste. Klein schneiden, etwa 20 Minuten in 50 ml lauwarmem Wasser einweichen und in Schritt 3 mit dem Einweichwasser (statt des Wassers in der Zutatenliste) in den Mixtopf geben.
Für einen Teller Brühe (250 ml kochendes Wasser) nehmen Sie am besten 1 gestrichenen EL Paste.

Pudding

Vanillepulver für Pudding und Saucen

Für 1 Glas, 300 ml

6 Vanilleschoten
300 g Speisestärke

1. Die Vanilleschoten längs aufschlitzen und das Mark herausschaben.
2. Vanillemark und Speisestärke in den Mixtopf geben und mit aufgesetztem Messbecher **30 Sekunden/Stufe 7** verrühren, bis sich das Mark komplett mit der Stärke vermischt hat.
3. Mischung in ein Schraubglas füllen, dieses gut verschließen und an einem dunklen Ort aufbewahren.

INFO: **42 g des Pulvers entsprechen 1 Päckchen Vanillepudding aus dem Supermarkt.**

Vanillepudding

Für 4 Portionen

500 ml Milch
1 Prise Salz
3–4 EL Zucker
1 Eigelb
1 Prise gemahlene Kurkuma
42 g Vanillepulver

1. Milch, Salz, Zucker, Eigelb, Kurkuma und Vanillepulver in den Mixtopf geben und mit aufgesetztem Messbecher **10 Sekunden/Stufe 6** gut vermischen.
2. In **7 Minuten/100 °C/Stufe 3** aufkochen lassen und heiß in kalt ausgespülte Formen füllen. Zugedeckt abkühlen lassen und dann weiter im Kühlschrank ganz erkalten lassen.

TIPP: **Zur Herstellung einer Vanillesauce brauchen Sie für dieselbe Menge Milch nur 20–25 g Pulver.**

Schokoladenpulver für Pudding und Saucen

Für 1 Glas, 400 ml

1 Vanilleschote
300 g Speisestärke
100 g Kakaopulver

1. Die Vanilleschote längs aufschlitzen und das Mark herausschaben.
2. Vanillemark, Speisestärke und Kakaopulver in den Mixtopf geben und mit aufgesetztem Messbecher **30 Sekunden/Stufe 7** verrühren, bis die Zutaten komplett vermischt sind – eventuell noch ein paar Sekunden dazugeben.
3. Pulver in ein Schraubglas füllen, dieses gut verschließen und an einem dunklen Ort aufbewahren.

Schokoladenpudding

Für 4 Portionen

500 ml Milch
1 Prise Salz
3–4 EL Zucker je nach Geschmack
50 g Schokoladenpulver
50 g Milch- oder Zartbitterschokolade nach Belieben

1. Milch, Salz, Zucker und Schokoladenpulver in den Mixtopf geben und mit aufgesetztem Messbecher **10 Sekunden/Stufe 6** gut vermischen. Schokolade grob zerschneiden und dazugeben.
2. Das Ganze in **7 Minuten/100 °C/Stufe 3** aufkochen lassen und heiß in kalt ausgespülte Formen füllen. Zugedeckt abkühlen lassen und dann weiter im Kühlschrank ganz erkalten lassen.

TIPP: **Zur Herstellung einer Schokoladensauce brauchen Sie für dieselbe Menge Milch nur 20–25 g Pulver.**

Würzmischungen

Im Handel sind ganze Regalwände voll mit Gewürzen in Gläsern, Dosen oder Beuteln von verschiedenen Herstellern. Vieles davon ist brauchbar, einiges überflüssig und manches sehr kostspielig. Gewürzmischungen, die Sie öfter verwenden, können Sie problemlos selbst im Thermomix® mischen und dabei Ihre persönlichen Vorlieben berücksichtigen.

Asiabratwürze

Für 3 Gläser à ca. 100 ml

25 g Röstzwiebeln (Fertigprodukt)
50 g Koriandersamen
1 getrocknete Chilischote
60 g Gemüsebrühepulver (Bio-Fertigprodukt oder Rezept Seite 59)
50 g gemahlene Kurkuma
50 g Ingwerpulver (Fertigprodukt oder Rezept Seite 83)
30 g Paprikapulver, edelsüß
je 25 g Zwiebel- und Knoblauchpulver (Fertigprodukte oder Rezepte Seite 82/83)

1. Röstzwiebeln, Koriandersamen und zerbröselte Chilischote in den Mixtopf geben und mit aufgesetztem Messbecher **20 Sekunden/Stufe 8** mahlen.
2. Das Brühepulver und die übrigen Gewürze dazugeben und das Ganze **30 Sekunden/Stufe 8** fein mahlen.
3. Mischung in vorbereitete saubere Schraub- oder Bügelgläser abfüllen und diese gut verschließen. Hält sich ca. 6 Monate.

TIPP: **Gebratene Nudeln mit Gemüse würzen Sie zum Beispiel pro Portion mit etwa 1 gehäuftem TL der Mischung.**

Bärlauchsalz

Für 1 Glas, ca. 100 ml

30–50 g frischer Bärlauch
200 g Meersalz

1. Den Bärlauch waschen, gut mit Küchenkrepp trocken tupfen und grob zerschneiden.
2. Zusammen mit dem Salz in den Mixtopf geben und mit aufgesetztem Messbecher **10 Sekunden/Stufe 7 linksdrehend** mischen.
3. Das grüne Bärlauchsalz auf einem mit Backpapier ausgelegten Backblech verteilen und bei 50 °C mit oder ohne Umluft bei leicht geöffneter Ofentür (einen Kochlöffelstiel einklemmen) 2–3 Stunden im Ofen trocknen lassen. Dabei öfter durchrühren.
4. Das getrocknete Salz wieder in den Mixtopf geben und nochmals **3–5 Sekunden/ Stufe 8** mahlen. Trocken gelagert hält das Salz 1 Jahr lang bis zur nächsten Bärlauchernte.

TIPP: **Wenn es im März/April frischen Bärlauch am Markt gibt: Greifen Sie zu und packen den Frühling ins Glas! Bärlauch kann man nicht nur zu leckerem Pesto verarbeiten, das Kraut mit dem intensiven Aroma verbindet sich gut mit Salz, das hervorragend zum Frühstücksei oder aufs Butterbrot passt.**

Rosmarinsalz

Für 2 Gläser à 200 ml

150 g frische Rosmarinzweige
250 g Meersalz

1. Die Rosmarinzweige waschen, mit Küchenkrepp gut trocken tupfen und die Nadeln von den Stielen zupfen.
2. Rosmarin in den Mixtopf geben und mit aufgesetztem Messbecher **10 Sekunden/Stufe 10** zerkleinern. Mit dem Spatel nach unten schieben, das Salz dazugeben und **10 Sekunden/Stufe 10** mahlen.
3. Salz auf einem mit Backpapier ausgelegten Backblech verteilen und bei 80 °C bei leicht geöffneter Ofentür (einen Kochlöffelstiel einklemmen) 1,5 Stunden im Ofen trocknen lassen. Dabei öfter durchrühren. Sie können das Salz bei heißem Wetter auch 8–10 Stunden an der Luft trocknen lassen. Salz in Schraubgläser abfüllen und möglichst dunkel aufbewahren. Hält 1 Jahr und länger.

TIPP: **Rosmarin mag Orange! Schälen Sie 1–2 Bio-Orangen hauchdünn ab (möglichst, ohne das Weiße mitzunehmen, da es bitter schmeckt) und zerkleinern Sie die Schale im Mixtopf 5 Sekunden/Stufe 10, bevor Sie die Rosmarinnadeln dazugeben. Diese Variante auf jeden Fall länger im leicht geöffneten Backofen 2–3 Stunden bei 80 °C trocknen lassen.**

Lavendelsalz mit Rosmarin

Für 5 Gläser à ca. 100 ml

150 g frische Lavendelblüten von ungespritzten Pflanzen
50 g frische Rosmarinzweige
300 g Meersalz

1. Die Lavendelblüten wenn nötig von den Stielen befreien. Den Rosmarin waschen, mit Küchenkrepp gut trocken tupfen und die Nadeln von den Stängeln zupfen.
2. Beides auf einem Backblech ausbreiten und 3–4 Stunden bei 80 °C (Umluft 60 °C) im leicht geöffneten Backofen (einen Kochlöffelstiel in die Tür einklemmen) trocknen. Sie können Lavendelblüten und Rosmarin auch ungetrocknet verwenden – das Salz ist dann jedoch wegen der Feuchtigkeit etwas weniger lange haltbar.
3. Lavendelblüten und Rosmarinnadeln in den Mixtopf geben und mit aufgesetztem Messbecher **5 Sekunden/Stufe 10** mahlen.
4. Das Salz dazugeben und alles **10 Sekunden/Stufe 4** gut vermischen. Salz in saubere Schraubgläser füllen, diese gut verschließen und vor dem Verwenden 1 Woche durchziehen lassen. An einem dunklen, kühlen Ort aufbewahrt hält sich das Salz etwa 1 Jahr.

TIPP: Das Ganze können Sie auch zu einer Würzpaste verarbeiten, mit der Sie zum Beispiel Lammfleisch oder Ziegenkäse bestreichen können. Dafür die Lavendelblüten und Rosmarinnadeln **15 Sekunden/Stufe 10** (Messbecher!) fein mahlen, das Salz dazugeben und weitere **10 Sekunden/Stufe 10** mahlen. 100 ml Olivenöl **25 Sekunden/Stufe 5** unterrühren, sodass eine dicke Paste entsteht.

Salz fürs Frühstücksei

Für 3 Gläser à 100 ml

je 5 g schwarze Pfefferkörner, Schwarzkümmel und Koriandersamen
je 5 g getrockneter Majoran und Thymian
1 Lorbeerblatt
10 g getrockneter Knoblauch (Rezept Seite 82/83 oder Knoblauchgranulat)
5 g Zucker
250 g grobes Meersalz
15 g Röstzwiebeln (Fertigprodukt)

1. Pfefferkörner, Schwarzkümmel und Koriandersamen in den Mixtopf geben und mit aufgesetztem Messbecher **10 Sekunden/Stufe 10** mahlen.
2. Majoran, Thymian, Lorbeerblatt, Knoblauch und Zucker dazugeben und **5 Sekunden/Stufe 7** zerkleinern und vermischen (Messbecher!). Die Mischung im Mixtopf 1–2 Stunden durchziehen lassen.
3. Meersalz und Röstzwiebeln hinzufügen und – je nach gewünschter Konsistenz – **5–15 Sekunden/Stufe 8** mahlen.
4. Salz in vorbereitete saubere Schraub- oder Bügelgläser füllen und gut verschließen. Hält etwa 1 Jahr, wobei das Aroma während der Lagerung immer schwächer wird.

TIPP: **Wer will, kann der Mischung auch getrockneten Ingwer, Rosmarin oder andere Gewürze zufügen. Was auf dem Frühstücksei so würzig schmeckt, ist auch gut auf Butterbrot, Frischkäse, auf einem Omelett oder im Salat.**

Kartoffelwürze

Für 2 Gläser à ca. 100 ml

je 5 g Kümmel, Kreuzkümmel, Fenchelsamen und Senfkörner
10 g schwarze Pfefferkörner
1 getrocknete rote Chilischote
75 g grobes Meersalz
1 EL brauner Zucker
je 5 g gemahlene Kurkuma, getrocknete Zwiebel und Knoblauch
je 2 g getrockneter Majoran, Thymian und Rosmarin
75 g Paprikapulver, edelsüß

1. Kümmel, Kreuzkümmel, Fenchelsamen und Senfkörner in einer beschichteten Pfanne ohne Fett unter ständigem Rühren rösten. Herausnehmen und vollständig abkühlen lassen.
2. Geröstete Gewürze in den Mixtopf füllen und mit aufgesetztem Messbecher **10 Sekunden/Stufe 7** mahlen.
3. Die übrigen Zutaten dazugeben und alles **15 Sekunden/Stufe 6** mahlen und vermischen. In vorbereitete saubere Schraub- oder Bügelgläsergläser füllen und diese fest verschließen. Etwa 1 Jahr lang haltbar.

TIPP: **Nicht nur Bratkartoffeln und Pommes finden die Mischung klasse! Auch Kürbis- und Bohnengerichte mögen die dezente Schärfe.**

Würze für Spaghetti mit Tomatensauce

Für ca. 3 Gläser à 100 ml

250 g Knollensellerie
5 Knoblauchzehen
50 g getrocknete Tomaten (ohne Öl)
je 5 g getrockneter Oregano, Majoran und Thymian
5 g Fenchelsaat
150 g Salz
1 gehäufter TL gemahlener Pfeffer

1. Knollensellerie putzen, schälen und grob in Stücke schneiden. Die Knoblauchzehen schälen. Beides mit den getrockneten Tomaten in den Mixtopf füllen und mit aufgesetztem Messbecher **2 x 10 Sekunden/Stufe 8** zerkleinern.
2. Ein Backblech mit Backpapier auslegen und die Gemüsemischung darauf verteilen. 2 Stunden auf der mittleren Schiene im Backofen bei 80 °C Umluft mit leicht geöffneter Tür (einen Kochlöffelstiel einklemmen) trocknen.
3. Getrocknetes Gemüse und die übrigen Zutaten in den Mixtopf geben und **45 Sekunden/Stufe 10** mahlen (Messbecher!). Die Mischung eventuell auf einem Backblech ausgebreitet 8–10 Stunden an der Luft noch ganz austrocknen lassen und dann in vorbereitete saubere Schraub- oder Bügelgläser abfüllen. Hält sich gut verschlossen etwa 1 Jahr.

TIPP: **Für 2–3 Portionen Tomatensauce 100 g Tomatenmark mit 300 ml Wasser und 1 EL Würze erhitzen. Vor dem Servieren 1 EL gutes Olivenöl oder Butter einrühren. Nach Belieben Cocktailtomaten vierteln und in der Sauce erhitzen.**

Zwiebel-, Knoblauch- und Ingwerpulver

Zur Herstellung eigener Gewürzmischungen werden oft Zwiebel-, Knoblauch- oder Ingwerpulver verwendet. Das gibt es zwar alles zu kaufen, aber bei hausgemachtem Pulver können Sie sicher sein, dass keine allergenen Stoffe enthalten sind.

Zwiebelpulver

Für 1 Glas, ca. 100 ml

500 g Zwiebeln

1. Zwiebeln schälen und vierteln. Im Mixtopf mit aufgesetztem Messbecher **5 Sekunden/Stufe 5** zerkleinern.
2. Ein Backblech mit Backpapier auslegen, die Zwiebeln darauf ausbreiten und bei 70 °C Umluft ca. 5 Stunden im Ofen trocknen. Die Backofentür mit einem eingeklemmten Kochlöffel leicht offen halten, damit die Feuchtigkeit entweichen kann. Zwischendurch die Zwiebeln immer wieder mal durchrühren.
3. Anschließend Zwiebeln im sehr trockenen Mixtopf mit aufgesetztem Messbecher **20–40 Sekunden/Stufe 10** zu Granulat oder Pulver mahlen. Granulat oder Pulver in ein vorbereitetes sauberes Schraub- oder Bügelglas abfüllen. Je trockener es ist, desto länger ist es haltbar – bis zu 1 Jahr.

Knoblauchpulver

Für 1 Glas, ca. 100 ml

5 große Knoblauchknollen (ca. 500 g)

Knoblauch schälen und im Mixtopf mit aufgesetztem Messbecher **4 Sekunden/Stufe 5** grob zerkleinern. Dann wie beim Zwiebelpulver weiter verfahren.

TIPP: **Alternativ können Sie auch Knoblauchpaste herstellen. Das geht schneller und kann auch für viele Gerichte verwendet werden.**

Knoblauchpaste

Für 1 Glas, ca. 200 ml

100 g Knoblauch
1 TL Salz
100 g Rapsöl
2 TL Zitronensaft

1. Den Knoblauch schälen und zusammen mit dem Salz in den Mixtopf geben. Mit aufgesetztem Messbecher **10 Sekunden/Stufe 8** zerkleinern. Mit dem Spatel nach unten schieben und den Vorgang wiederholen.
2. **3 Minuten/Stufe 7** am Gerät einstellen und das Öl am Messbecher vorbei langsam durch die Deckelöffnung zum Knoblauch rinnen lassen. Zum Schluss den Zitronensaft dazugeben.
3. Paste in ein heiß ausgespültes Schraubglas füllen und mit einer dünnen Ölschicht bedeckt im Kühlschrank aufbewahren. Hält sich etwa 3 Monate. Die Ölschicht jeweils nach der Entnahme von Knoblauchpaste erneuern!

Ingwerpulver

Für 1 Glas, ca. 100 ml

500 g frischer Ingwer

Ingwer schälen und im Mixtopf mit aufgesetztem Messbecher **4 Sekunden/Stufe 5** zerkleinern. Dann wie beim Zwiebelpulver weiter verfahren.

Salatgewürz

Für 1 Glas, ca. 120 ml

50 g Salz
20 g Senfsaat
5 g Pfefferkörner
5 g rote Beeren
25 g gemischte getrocknete Kräuter (z. B. Rosmarin, Oregano und Majoran)
1 Pck. Zitronensäure

1. Alle Zutaten in den sehr trockenen (!) Mixtopf geben und mit aufgesetztem Messbecher **15 Sekunden/Stufe 10** fein mahlen.
2. Pulver in ein Schraubglas füllen und dieses fest verschließen. Hält auf jeden Fall 6 Monate.

TIPP: **Für ein Dressing entweder 1 TL der Salatgewürzmischung mit 100 g Schmand, Joghurt, saurer Sahne oder Buttermilch verrühren. Oder 1 TL mit 2 EL Essig und 3 EL Öl vermischen. Jeweils kurz durchziehen lassen – fertig.**
Wer es scharf mag: 1 getrocknete Chilischote mit zerkleinern.

Fischgewürz

Für 1 Glas, ca. 100 ml

- 10 g weiße Pfefferkörner
- 10 g Koriandersamen
- 10 g Anis- oder Fenchelsamen
- 1 getrocknete rote Chilischote
- 5 g rote Beeren
- je 10 g Knoblauch-, Ingwer- und Zwiebelpulver (Fertigprodukte oder Rezepte Seite 82/83)
- 5 g getrocknete Petersilie
- 5 g getrockneter Majoran
- 15 g grobes Meersalz
- 5 g Zucker

1. Pfeffer, Koriander, Anis, Chilischote und rote Beeren in den Mixtopf geben und mit aufgesetztem Messbecher **10 Sekunden/Stufe 10** mahlen.
2. Die übrigen Zutaten hinzufügen und weitere **5 Sekunden/Stufe 10** mahlen und vermischen.
3. Fischgewürz in ein fest verschließbares, sauberes Schaubglas füllen. Hält sich dunkel und kühl gelagert bis zu 1 Jahr.

TIPP: **Wer den Geschmack mag, kann auch noch 5 ganze Kardamomkapseln im ersten Schritt mitmahlen.**

Cajun

Für 1 Glas, ca. 100 ml bzw. 250 ml

Cajun einfach

60 g Paprikapulver, edelsüß oder rosenscharf
30 g schwarzer gemahlener Pfeffer
1 ½ TL Cayennepfeffer
2 TL Zwiebelpulver (Fertigprodukt oder Rezept Seite 82)
2 TL Knoblauchpulver (Fertigprodukt oder Rezept Seite 82/83)

Cajun raffiniert

30 g schwarze Pfefferkörner
4 TL Koriandersamen
2 TL Kreuzkümmel
1 TL Senfsamen
ca. 2 cm Zimtstange
4 Gewürznelken
60 g Paprikapulver, edelsüß oder rosenscharf
4 TL getrockneter Thymian
4 TL getrockneter Oregano
4 TL getrockneter Majoran
je 2 TL Zwiebel- und Knoblauchpulver
(Fertigprodukte oder Rezepte Seite 82/83)

1. Für die einfache Variante alle Zutaten in den Mixtopf geben und **10 Sekunden/Stufe 6** leicht mahlen und vermischen.
2. Für die raffinierte Variante Pfeffer, Koriandersamen, Kreuzkümmel, Senfsamen, Zimtstange und Gewürznelken in einer beschichteten Pfanne ohne Fett unter ständigem Rühren nicht zu stark rösten.
3. Gewürze vollständig auskühlen lassen, dann in den Mixtopf geben und mit aufgesetztem Messbecher (mit Küchenkrepp abdichten – es staubt!) **45 Sekunden/Stufe 10** mahlen. Mit dem Spatel nach unten schieben und den Vorgang wiederholen.
4. Die übrigen Zutaten dazugeben und **15 Sekunden/Stufe 6** vermischen.
5. Die Gewürzmischung jeweils in ein sauberes Schraubglas füllen und dunkel aufbewahren. Hält sich 6–8 Monate. Danach lässt das Aroma nach.

TIPP: **Cajun (sprich: Kädschn) eignet sich nicht nur als Rub für Ihr Grillgut. Sie können mit der Mischung Gemüsepfannen oder Eintöpfe aufpeppen.**

INFO: **Die scharfe Mischung stammt aus der Karibik und den Südstaaten der USA. Sie ist heute für jeden Grillfreund ein Muss. Dabei wird das Grillgut zunächst in zerlassener Butter gewendet und dann mit Cajun eingerieben. Auf dem Grill soll die Kruste möglichst schwarz (»blackend«) werden.**

Brotgewürz

Für 1 Glas, ca. 150 ml

30 g Kümmel
30 g Fenchelsamen
30 g Koriandersamen
15 g Anis
15 g Bockshornklee (Apotheke)
15 g Senfsamen
10 g grobes Salz

1. Alle Zutaten in den Mixtopf geben und mit aufgesetztem Messbecher **10 Sekunden/Stufe 10** mahlen. Nach Belieben weitere 10 Sekunden feiner mahlen.
2. Brotgewürz in ein sauberes und trockenes Schraub- oder Bügelglas füllen und an einem kühlen, dunklen Ort aufbewahren.

TIPP: **Nach Geschmack können Sie der Mischung vor dem Backen noch Knoblauch- oder Zwiebelpulver (Fertigprodukte oder Rezepte Seite 82/83) zufügen. Auch getrocknetes Grün wie Majoran, Thymian oder Oregano passen gut ins Brot.**
Für 500 g Mehl ist 1 EL der Mischung für helles Brot und bis zu 2 EL bei dunklem Brot gerade richtig.

Vanilleextrakt

Für 2 Gläser à ca. 100 ml

8 Vanilleschoten
100 g brauner Zucker
100 ml Wasser
25 g Zuckerrübensirup

1. Die Enden der Vanilleschoten entfernen und die Schoten grob zerschneiden. In den Mixtopf geben und mit aufgesetztem Messbecher **7 Sekunden/Stufe 7** zerkleinern. In eine Schüssel umfüllen. Den Mixtopf nicht spülen.
2. Zucker, Wasser und Sirup in den Mixtopf füllen und in **4 Minuten/100 °C/Stufe 2** aufkochen lassen.
3. Die zerkleinerten Vanilleschoten dazugeben, **2 Minuten/100 °C/Stufe 2** aufkochen und anschließend **25 Sekunden/Stufe 8** mixen. Mit dem Spatel nach unten schieben und den Vorgang 1–2 Mal wiederholen, bis eine homogene Paste entstanden ist. (Die Paste wird nach dem Abkühlen noch etwas dickflüssiger.)
4. Extrakt in die vorbereiteten sauberen Schraub- oder Bügelgläser füllen, gut verschließen und 2–3 Tage im Kühlschrank durchziehen lassen. Hält sich im Kühlschrank 6 Monate (bitte immer nur mit einem sauberen Löffel etwas entnehmen).

TIPP: **Den Extrakt können Sie immer dort verwenden, wo das Mark einer Vanilleschote verlangt wird. Echte Vanille wird immer teurer, was sich auch auf die Preise handelsüblicher Vanillepasten niederschlägt. 1 TL Vanilleextrakt ersetzt auch 1 Päckchen Vanillezucker – Geschmacksexplosion garantiert!**

Spekulatiusgewürz

Für 1 Glas, ca. 100 ml

50 g Zimtstangen
5 g Muskatnuss (1 Stück)
5 g Muskatblüte
5 g Gewürznelken
5 g Koriandersamen
5 g Sternanis (3 Stück)
je 10 g getrocknete Orangen- und Zitronenschale

1. Die Zimtstangen und die Muskatnuss grob zerhacken.
2. Alle Zutaten in den Mixtopf geben, Messbecher mit Küchenkrepp abgedichtet aufsetzen und die Gewürze **60 Sekunden/Stufe 10** mahlen. Je nachdem, wie trocken sie sind, kann es auch etwas länger dauern, bis Sie ein feines Würzpulver erhalten.
3. Pulver in ein heiß gespültes, trockenes Schraub- oder Bügelglas füllen und dieses fest verschließen. Wenn die Zutaten absolut trocken sind, hält sich das Gewürz 1 Jahr und länger – verliert aber mit der Zeit an Aroma.

TIPP: **Spekulatius- und Lebkuchengewürz sind nicht nur für Gebäck gut – auch Gemüse wie Kohl, Knollensellerie oder Süßkartoffeln lässt sich damit verfeinern.**

Orangen- und Zitronenwürze

Für 1 Glas, ca. 150 ml

4 Bio-Orangen oder -Zitronen
1 EL Sonnenblumen- oder Rapsöl
30 g Zucker
125 ml Wasser

1. Die Orangen- oder Zitronenschalen dünn abschälen, sodass möglichst wenig weiße Haut daran hängen bleibt.
2. Schale mit Öl, Zucker und Wasser in den Mixtopf geben und in **25–30 Minuten/100 °C/Stufe 2** zu einem Sirup kochen.
3. Ein Backblech mit Backpapier auslegen und die Masse darauf verteilen. Im leicht geöffneten Backofen (Kochlöffel in die Tür klemmen) bei 70 °C (Umluft 50 °C) 4–5 Stunden trocknen lassen.
4. Masse auskühlen lassen und dann im Mixtopf mit aufgesetztem Messbecher **30 Sekunden/Stufe 8** mahlen. Pulver in ein sauberes Schraub- oder Bügelglas füllen und dieses fest verschließen. Kühl und trocken gelagert hält sich die Würze ca. 6 Monate.

TIPP: **Ob Orange oder Zitrone, das ist egal – die Würze passt zu Backwaren, Fisch, Reis und Bohnengerichten.**
Am besten nehmen Sie zum Schälen die Hälften von ausgepressten Bio-Orangen oder -Zitronen. (Darauf achten, dass sie mit »Schalen zum Verzehr geeignet« gekennzeichnet sind.) Sie können die Schalen im Tiefkühler aufbewahren, bis genügend beisammen ist.

Rote Currypaste

Für 1 Glas à 250 ml

8 frische rote Thai-Chilischoten (ersatzweise Peperoni)
3 Schalotten
3 Knoblauchzehen
40 g frischer Ingwer
2 Stängel Zitronengras
2 EL Koriandersamen
1 EL Kreuzkümmel
2 EL Raps- oder Sonnenblumenöl
1 TL gemahlene Kurkuma
1 EL Limettensaft
1 TL Salz

1. Die Chilischoten oder Peperoni waschen, putzen und grob zerschneiden. (Wer nicht allzu scharf kochen möchte, sollte einen Teil der Kerne entfernen. Vorsicht: Nach dem Bearbeiten der Schoten nicht mit den Fingern in Augen- oder Lippennähe kommen – das kann höllisch brennen!)
2. Die Schalotten abziehen und halbieren. Knoblauch und Ingwer schälen, Ingwer grob zerschneiden. Das Zitronengras längs aufschlitzen und nur das weiche Innere entnehmen und grob zerschneiden.
3. Koriandersamen und Kreuzkümmel in den Mixtopf geben und mit aufgesetztem Messbecher **25 Sekunden/Stufe 10** mahlen. Das Öl dazugeben und Gewürze **4 Minuten/100 °C/Stufe 1,5** rösten.

4. Die vorbereiteten Zutaten hinzufügen und **5 Sekunden/Stufe 5** zerkleinern (Messbecher!). Mit dem Spatel nach unten schieben und alles **5 Minuten/100 °C/ Stufe 1,5** andünsten.
5. Kurkuma, Limettensaft und Salz dazugeben und das Ganze **30 Sekunden/Stufe 7** mit aufgesetztem Messbecher pürieren. Wenn Sie die Paste feiner möchten, den Vorgang wiederholen.
6. Paste in ein vorbereitetes Glas füllen, gut andrücken, um alle Luftblasen zu entfernen, und mit einer dünnen Schicht Raps- oder Sonnenblumenöl bedecken. Nach Entnahme immer wieder mit Öl bedecken – so hält sich die Paste 2–3 Monate im Kühlschrank.

TIPP: **Als Faustregel für die Zubereitung von Currys: Nehmen Sie ca. 2 EL Currypaste auf 400 ml Kokosmilch. Alternativ zur Aufbewahrung im Glas können Sie die Paste auch in Eiswürfelbehältern einfrieren, die gefrorenen Würfel in einen Gefrierbeutel umfüllen und die Würfel bei Bedarf in gefrorenem Zustand direkt ins heiße Öl geben.**

INFO: **Currypasten stammen ursprünglich aus Thailand, werden aber auch in Indien und Indonesien verwendet. Die klassischen Farben sind Grün, Gelb und Rot, wobei die rote Paste mit ihrer milden Schärfe auch bei uns am beliebtesten ist.**
Nichts für Feiglinge ist die grüne Currypaste, die aus grünen Thai-Chilischoten hergestellt wird.
Die gelbe Variante aus getrockneten Chilischoten ist ziemlich mild und erhält ihre Farbe durch den Zusatz von viel Kurkuma.
Oft kommt in Rezepten zur Herstellung von Currypasten auch 1 EL Garnelenpaste vor – die bekommen Sie in Asialäden.

Lebkuchengewürz

Für 1 Glas, ca. 100 ml

50 g Zimtstangen
5 g Kardamomkapseln
10 g Gewürznelken
1 Sternanis
5 g Pimentkörner
5 g Muskatblüte
5 g Koriandersamen
5 g Ingwergranulat oder -pulver (Fertigprodukt oder Rezept Seite 83)

1. Die Zimtstangen grob zerhacken. Die Kardamomsamen aus den Kapseln lösen.
2. Alle Zutaten in den Mixtopf geben. Den Messbecher vor dem Aufsetzen mit Küchenkrepp abdichten. Die Gewürze **60 Sekunden/Stufe 10** mahlen. Je nachdem, wie trocken die Gewürze sind, kann es auch noch etwas länger dauern, bis Sie ein feines Würzpulver erhalten.
3. Pulver in ein heiß gespültes, trockenes Schraub- oder Bügelglas füllen und fest verschließen. Wenn die Zutaten absolut trocken sind, hält sich das Gewürz 1 Jahr und länger – verliert aber mit der Zeit an Aroma.

TIPP: **15 g von diesem Gewürz reichen für etwa 700 g Teig. Zusätzlich können Sie auch noch 2–3 g Fenchelsamen in die Gewürzmischung geben.**

Saucen, Pesto, Chutney

Honig-Senf-Sauce mit Orange

Für 1 Glas, ca. 200 ml

1 Orange
30 g Honig
20 g scharfer Senf
2 EL Weißweinessig
80 ml Olivenöl
Salz, Pfeffer

1. Die Orange auspressen.
2. Honig, Senf und Essig in den Mixtopf geben und **10 Sekunden/Stufe 3** gut verrühren.
3. Den Messbecher aufsetzen und Stufe 3 am Gerät einstellen. Das Öl am Messbecher vorbei nach und nach durch die Deckelöffnung gießen, bis eine dickliche Sauce entstanden ist.
4. 75–100 ml Orangensaft dazugeben (je nach gewünschter Konsistenz) und **5 Sekunden/Stufe 2** unterrühren. Dressing mit Salz und Pfeffer abschmecken und in ein Schraubglas abfüllen. Hält sich im Kühlschrank etwa 1 Woche.

TIPP: **Die süßliche Sauce passt zu allen eher bitteren Salatsorten, wie Radicchio, Chicorée oder Rucola.**

Knoblauch-Chili-Sauce

Für 1 Glas à ca. 200 ml

1 Stück frischer Ingwer (etwa 2 x walnussgroß)
1–2 rote Chilischoten (Schärfe nach Belieben)
4 Knoblauchzehen
75 ml Olivenöl
60 ml weißer Essig
75 g Zucker
½ Limette
Salz, Pfeffer

1. Den Ingwer schälen und vierteln. Die Chilischoten waschen, putzen und längs halbieren. Wer Schärfe nicht mag oder verträgt, sollte die Kerne und Trennhäutchen entfernen. (Vorsicht: Die Schärfe ist jetzt an den Fingern!)
2. Die Knoblauchzehen schälen und halbieren. Ingwer, Chili, Knoblauch und Olivenöl in den Mixtopf geben und mit aufgesetztem Messbecher **5 Sekunden/Stufe 6** zerkleinern. Mit dem Spatel nach unten schieben und den Vorgang eventuell wiederholen. **5 Minuten/120 °C/Stufe 1,5** andünsten, dann mit dem Essig ablöschen.
3. Den Zucker dazugeben und alles **15 Minuten/90 °C/Stufe 2** köcheln lassen.
4. Die Limette heiß waschen, 1 TL Schale fein abraspeln und die halbe Frucht auspressen. Beides zur Sauce geben, **3 Sekunden/Stufe 2** unterrühren und mit Salz und Pfeffer abschmecken.
5. Dressing abkühlen lassen und zum Aufbewahren in ein Schraubglas füllen. Hält sich im Kühlschrank etwa 2 Wochen.

TIPP: **Für zusätzliches Aroma können Sie auch das Innere von 1 Stängel Zitronengras klein schneiden und ab Schritt 2 mit verarbeiten.**

Käse-Sahne-Dressing mit Kräutern

Für 1 Glas, ca. 200 ml

25 g Parmesan oder Grana Padano
1 Knoblauchzehe
30 g frische Kräuter je nach Saison und Belieben
½ Zitrone
1 EL scharfer Senf
75 ml Olivenöl
50 g saure Sahne oder Schmand
Salz, Pfeffer

1. Den Parmesan grob in Stücke schneiden. Die Knoblauchzehe schälen. Die Kräuter abbrausen, trocken schütteln und die Blätter von den Stängeln zupfen. Die halbe Zitrone auspressen.
2. Parmesan, Knoblauch, Kräuter, Senf und 2 EL Zitronensaft in den Mixtopf geben und mit aufgesetztem Messbecher **5 Sekunden/Stufe 5** zerkleinern. Mit dem Spatel nach unten schieben und den Vorgang wiederholen.
3. Den Messbecher aufsetzen, **Stufe 3** einstellen und das Olivenöl am Messbecher vorbei durch die Deckelöffnung nach und nach dazugießen, sodass eine cremige Sauce entsteht.
4. Die saure Sahne **5 Sekunden/Stufe 3** einrühren und die Sauce mit Salz, Pfeffer und dem restlichen Zitronensaft pikant abschmecken.
5. Zum Aufbewahren in ein Schraubglas füllen. Hält sich im Kühlschrank ca. 1 Woche.

TIPP: **Dieses Dressing schmeckt gut zu Romana-, Kopf- oder Eisbergsalat. Toppen können Sie den Salat noch mit Nüssen und Oliven.**

Zaziki

Für ca. 6 Portionen

2–5 Knoblauchzehen nach Belieben
1 Gurke (ca. 500 g)
200 g Schmand oder Frischkäse
500 g Quark
150 g Joghurt
1 TL Salz
1 Prise Zucker
1 EL Zitronensaft nach Belieben

1. Den Knoblauch schälen, in den Mixtopf geben und mit aufgesetztem Messbecher **3 Sekunden/Stufe 8** zerkleinern. Mit dem Spatel nach unten schieben.
2. Die Gurke waschen, schälen, längs halbieren und mit einem Löffel die Kerne herauskratzen. Gurke grob in Stücke schneiden, in den Mixtopf geben und **2 Sekunden/Stufe 4** zerkleinern.
3. Die übrigen Zutaten hinzufügen und alles **10 Sekunden/Stufe 3 linksdrehend** verrühren.
4. Mit Salz und nach Belieben Zitronensaft abschmecken und nach Möglichkeit 20 Minuten oder länger durchziehen lassen.

TIPP: **Wenn Sie nicht alles gleich aufessen, können Sie den Zaziki in einem gut verschließbaren Gefäß ca. 1 Woche im Kühlschrank aufbewahren. Vor dem Servieren gut durchrühren.**

Ketchup

Für 2 Flaschen à ca. 500 ml

2 Lorbeerblätter
2 Gewürznelken
2 cm Zimtstange oder 5 Zimtblüten
je 1 EL frische Rosmarinnadeln und Thymianblättchen
2 Zwiebeln
3 Knoblauchzehen
1 Stück frischer Ingwer (etwa walnussgroß)
1 rote Peperoni
2 EL Olivenöl
1 kg aromatische, reife Tomaten (z. B. Roma)
1 rote Spitzpaprikaschote
50 ml Balsamessig
100 g 3-fach konzentriertes Tomatenmark (Fertigprodukt oder Rezept Seite 104)
1 Pck. Zitronensäure
30 g Zucker
Salz, Pfeffer

1. Lorbeerblätter, Gewürznelken, Zimt, Rosmarin und Thymian in den Mixtopf geben und Messbecher mit Küchenkrepp abgedichtet aufsetzen. Die Gewürze **60 Sekunden/Stufe 10** mahlen.
2. Die Zwiebeln abziehen und vierteln. Knoblauchzehen und Ingwer schälen, Ingwer vierteln. Die Peperoni waschen, längs aufschlitzen, die Kerne entfernen und das Fruchtfleisch grob zerschneiden. Alles in den Mixtopf geben, das Öl dazugießen und **10 Sekunden/Stufe 7** zerkleinern (Messbecher!). Mit dem Spatel nach unten schieben und **4 Minuten/120 °C/Stufe 1,5** andünsten.
3. In der Zwischenzeit die Tomaten waschen, halbieren und die Stielansätze herausschneiden. Spitzpaprika waschen, putzen und grob zerteilen.

4. Erst die Paprikastücke, dann die Tomaten in den Mixtopf geben und mit aufgesetztem Messbecher **15 Sekunden/Stufe 4** mithilfe des Spatels zerkleinern. (Vorsicht, das kann spritzen!)
5. Den Essig dazugeben und alles mit dem Garkörbchen als Spritzschutz **35 Minuten/100 °C/Stufe 1** kochen. Anschließend **40 Sekunden/Stufe 5–8** ansteigend pürieren.
6. In der Zwischenzeit die Flaschen zur Aufbewahrung heiß ausspülen und kopfüber abtropfen lassen.
7. Tomatenmark, Zitronensäure und Zucker zum Tomatenpüree geben und **10 Sekunden/Stufe 3** unterrühren. Ketchup mit Salz und Pfeffer abschmecken.
8. Sofort mithilfe eines Trichters in die Flaschen füllen, diese verschließen und kopfüber auskühlen lassen. Im Kühlschrank aufbewahrt mindestens 6 Monate haltbar.

TIPP: **Statt mit Kräutern kann man den Ketchup auch mal mit 2 EL Currypulver oder einer indischen Gewürzmischung zubereiten.**
Praktische 250- oder 500-ml-Flaschen bekommen Sie in den Haushaltsabteilungen der Kaufhäuser. Sie können aber auch Glasfläschchen mit Schraubdeckel von Smoothies oder Sahne aus Supermärkten sammeln.

Tomatenpesto

Für 2 Gläser à ca. 200 ml

50 g Parmesan
100 g getrocknete, in Öl eingelegte Tomaten
200 g frische Fleischtomaten
50 g frisches Basilikum
2 Knoblauchzehen
1 rote Peperoni oder Chilischote nach Belieben
50 g ganze Mandeln ohne Haut
2 EL Olivenöl
Salz, Pfeffer
Aceto balsamico

1. Den Parmesan in Stücke brechen, in den Mixtopf geben und mit aufgesetztem Messbecher **8 Sekunden/Stufe 8** reiben. In eine kleine Schüssel umfüllen. Mixtopf nicht spülen.
2. Die getrockneten Tomaten abtropfen lassen und grob zerschneiden. Die Fleischtomaten waschen, halbieren, Stielansätze und Kerne entfernen und Fruchtfleisch grob zerkleinern.
3. Basilikum waschen, mit Küchenkrepp trocken tupfen und die Blätter von den Stängeln zupfen. Die Knoblauchzehen schälen. Die Peperoni waschen, putzen, längs halbieren und die Kerne entfernen.
4. Getrocknete und frische Tomaten, Basilikum, Knoblauch, Peperoni, Mandeln und Öl in den Mixtopf geben und **20 Sekunden/Stufe 8** (Messbecher!) fein pürieren. Mit dem Spatel nach unten schieben, den Parmesan dazugeben und **5 Sekunden/Stufe 4** untermischen.
5. Pesto mit Salz, Pfeffer und Essig pikant abschmecken. In vorbereitete Schraubgläser füllen, diese fest verschließen und im Kühlschrak aufbewahren. Hält sich etwa 2 Wochen.

TIPP: Für eine Luxusvariante können Sie statt der Mandeln Pinienkerne verwenden. Für beides gilt: Kurzes Anrösten in einer beschichteten Pfanne ohne Öl steigert das Aroma!

Tomatenmark

Für 4 Gläser à ca. 100 ml

1,6 kg sehr reife Tomaten
1 EL Salz
Zucker nach Belieben

1. Die Tomaten waschen, halbieren und die Stielansätze und Kerne entfernen. Tomaten in 2 Portionen in den Mixtopf geben und mit aufgesetztem Messbecher jeweils **5 Sekunden/Stufe 6** zerkleinern.
2. Garkörbchen als Spritzschutz aufsetzen und die Tomaten **35–45 Minuten/Varoma/Stufe 3** zur gewünschten Konsistenz einkochen lassen.
3. Das Salz dazugeben und alles **30 Sekunden/Stufe 8** fein pürieren. (Messbecher aufsetzen!)
4. Tomatenmark nach Belieben mit etwas Zucker abschmecken und heiß in die vorbereiteten Gläser füllen. Sofort verschließen und kopfüber auskühlen lassen. Im Kühlschrank aufbewahrt mindestens 6 Monate haltbar.

TIPP: Am besten eignen sich Fleisch- oder Flaschentomaten zur Herstellung von Tomatenmark. Sie haben viel Fruchtfleisch, ein leicht süßliches Aroma und nur wenig Wasser.
3-fach konzentrierteres Tomatenmark erhalten Sie so: Ein feines Sieb mit einem sauberen Leinentuch auslegen und die pürierte Masse einfüllen. Zugedeckt über Nacht abtropfen lassen – so bleibt wirklich nur das Mark im Sieb übrig. Nochmals aufkochen und dann in Gläser füllen.

INFO: In Supermärkten gibt es 2-fach konzentriertes (ca. 70 % Wassergehalt) und 3-fach konzentriertes (bis 65 % Wassergehalt) Tomatenmark. Gutes Tomatenmark enthält – so wie unseres – nur Tomaten und Salz.

Balsamicocreme

Für ca. 250 ml

500 ml Fruchtsaft nach Belieben
500 ml Essig
2 EL Honig oder brauner Zucker
Gewürze nach Belieben

1. Alle Zutaten in den Mixtopf geben und in **8 Minuten/100 °C/ Stufe 1** zum Kochen bringen. Dann **45 Minuten/Varoma/ Stufe 2** offen einkochen lassen.
2. Die Gewürze herausfischen und bei Bedarf die Flüssigkeit noch weiter reduzieren. Nicht zu dick einkochen, die süße Masse könnte sonst anbrennen – sie wird beim Erkalten ohnehin dicker.
3. Balsamicocreme in eine vorbereitete Flasche mit Schraub- oder Bügelverschluss füllen und diese fest verschließen. Im Kühlschrank ist die Creme einige Monate haltbar.

INFO: **Zur Herstellung von heller Balsamicocreme eignen sich Birnen-, Apfel- oder Rhabarbersaft. Für eine dunkle Creme nehmen Sie am besten Trauben-, Johannisbeer- oder Brombeersaft.**
Ihre Creme hat eine gute Basis, wenn Sie dunklen oder hellen Balsamicoessig verwenden, sie gelingt aber auch mit Rotwein-, Weißwein- oder Apfelessig.
Zum Würzen können Sie nach Belieben mit Zimt, Zimtblüte, Sternanis, Kardamom, Ingwer, Chili oder Muskat experimentieren.

Scharfe BBQ-Sauce

Für 2 Flaschen à ca. 200 ml

1 rote Zwiebel
1 Stange Staudensellerie
1–2 rote Chilischoten
2 EL Olivenöl
2 EL alter brauner Rum
800 g reife Tomaten
1 EL Worcestersauce
Rauchsalz, Pfeffer
Zitronensaft

1. Die Zwiebel abziehen und vierteln. Selleriestängel waschen, wenn nötig am unteren Ende dünn abschälen und grob in Stücke schneiden. Chilis waschen, putzen, längs aufschlitzen, die Kerne entfernen und Schoten zerschneiden.
2. Zwiebel, Sellerie, Chilis und Öl in den Mixtopf geben mit aufgesetztem Messbecher **5 Sekunden/Stufe 6** zerkleinern. Mit dem Spatel nach unten schieben und den Vorgang wiederholen.
3. Mischung **4 Minuten/120 °C/Stufe 1,5** andünsten und mit dem Rum ablöschen.
4. Die Tomaten waschen, halbieren und die Stielansätze entfernen. Tomaten in den Mixtopf geben und **6 Sekunden/Stufe 6** zerkleinern (Messbecher!).
5. Garkörbchen als Spritzschutz aufsetzen und Tomaten **30 Minuten/Varoma/Stufe 2,5** einkochen. Anschließend mit aufgesetztem Messbecher **40 Sekunden/Stufe 6–8** ansteigend fein pürieren. Bei Bedarf die Masse noch 10–15 Minuten weiter einkochen lassen.
6. Sauce mit Worcestersauce, Salz und Pfeffer würzen und mit etwas Zitronensaft abschmecken. Heiß in vorbereitete Flaschen füllen, diese fest verschließen und kopfüber auskühlen lassen. Im Kühlschrank aufbewahrt 6 Monate haltbar.

TIPP: Frisch zubereitet schmeckt diese Sauce auch heiß oder lauwarm zu Gegrilltem. Direkt aus dem Kühlschrank sollten Sie die Sauce nicht servieren, da ihr Aroma in der Kälte schwindet. Also unbedingt 2 Stunden vor dem Verzehr aus der Kühlung nehmen.

Sauce für Currywurst

Für 2 Flaschen à 500 ml

1 Zwiebel
2 Knoblauchzehen
50 ml Raps- oder Sonnenblumenöl
4 rote Paprikaschoten
1–2 rote Peperoni
100 g Tomatenmark (Fertigprodukt oder Rezept Seite 104)
750 ml Gemüse- oder Fleischbrühe
150 g brauner Zucker
20 g Paprikapulver, edelsüß
20 g scharfes Currypulver (zum Beispiel Jaipur)
Salz, Pfeffer
1 EL abgeriebene Schale einer Bio-Zitrone nach Belieben

1. Die Zwiebel abziehen und vierteln. Die Knoblauchzehen schälen. Beides in den Mixtopf geben und mit aufgesetztem Messbecher **5 Sekunden/Stufe 5** zerkleinern. Mit dem Spatel nach unten schieben.
2. Das Öl dazugießen und **5 Minuten/100 °C/Stufe 1,5** andünsten.
3. Die Paprikaschoten waschen, putzen und grob zerkleinern. Die Peperoni waschen, putzen und bei Bedarf die Kerne entfernen – dort sitzt am meisten Schärfe. Beides mit dem Tomatenmark zu den Zwiebeln geben und alles weitere **5 Minuten/100 C/Stufe 1,5** andünsten.
4. Die Brühe angießen, Zucker, Paprika- und Currypulver dazugeben und das Ganze **30 Minuten/100 °C/Stufe 2** einkochen lassen. Das Garkörbchen als Spritzschutz aufsetzen!
5. Dann **60 Sekunden/Stufe 6–8** ansteigend zu einer glatten Sauce pürieren. Je nach Wassergehalt der Paprikaschoten kann es erforderlich sein, die Sauce noch weitere 8–10 Minuten einkochen zu lassen.
6. Sauce mit Salz, Pfeffer und – nach Belieben – Zitronenschale abschmecken und zu gegrillter oder gebratener Wurt servieren. Zum Aufbewahren heiß in ausgespülte Flaschen oder Schraubgläser füllen, diese gut verschließen und kopfüber abkühlen lassen. Hält sich ca. 3 Monate im Kühlschrank.

Salsadip für Tacos, Nachos oder Cracker

Für 2 Gläser à 250 ml

300 g Tomaten
1 rote Paprikaschote
1 rote Zwiebel
2 Knoblauchzehen
1–2 rote Peperoni
2 EL Olivenöl
1 EL brauner Zucker
1 Dose gehackte Tomaten (à 400 g Einwaage)
Saft von 1 Limette
½ TL gemahlener Kreuzkümmel
1 EL Paprikapulver, rosenscharf oder edelsüß nach Belieben
Salz, Pfeffer

1. Die Tomaten waschen und halbieren. Die Stielansätze und Kerne entfernen. Die Paprikaschote waschen, putzen und grob zerschneiden. Beides in den Mixtopf geben und mit aufgesetztem Messbecher **5 Sekunden/Stufe 5** zerkleinern. Dann in eine Schüssel umfüllen. Mixtopf nicht reinigen.
2. Die Zwiebel abziehen und vierteln. Die Knoblauchzehen schälen. Die Peperoni waschen, putzen und bei Bedarf die Kerne entfernen – dort sitzt am meisten Schärfe. Zwiebel, Knoblauch und Peperoni in den Mixtopf geben, mit aufgesetztem Messbecher **5 Sekunden/Stufe 5** zerkleinern und mit dem Spatel nach unten schieben.
3. Olivenöl und Zucker dazugeben und Gemüse offen **6 Minuten/120 °C/Stufe 1,5** andünsten.

4. Die gehackten Tomaten in den Mixtopf schütten und alles mit Messbecher **30 Sekunden/Stufe 8** fein pürieren.
5. Limettensaft, Kreuzkümmel, Paprikapulver und die Paprika-Tomaten-Mischung dazugeben und Masse offen **20–30 Minuten/100 °C/Stufe 2** (Garkörbchen als Spritzschutz aufsetzen!) zur gewünschten Konsistenz einkochen lassen.
6. Sauce mit Salz und Pfeffer abschmecken, in vorbereitete Schraubgläser füllen, diese fest verschließen und kopfüber auskühlen lassen. Im Kühlschrank aufbewahrt mindestens 3 Monate haltbar.

Chilisauce süß-sauer

Für 1 Glas , ca. 250 ml

100 g rote Chilischoten oder Peperoni
2 Knoblauchzehen
1 Schalotte
1 TL Salz
250 ml Wasser + 4 EL für die Stärke
50 ml Reisessig (ersatzweise Apfelessig)
80 g brauner Zucker
1 EL helle Speisestärke

1. Die Chilischoten oder Peperoni waschen und putzen. Wenn Sie Angst vor zu viel Schärfe haben, entfernen Sie einen Teil der Kerne und die Trennhäutchen. Den Knoblauch schälen. Die Schalotte abziehen und halbieren.
2. Alles in den Mixtopf geben und mit aufgesetztem Messbecher **5 Sekunden/Stufe 6** zerkleinern. Mit dem Spatel nach unten schieben und je nach gewünschter Konsistenz (es soll nicht matschig werden) 2–3 Sekunden weiter zerkleinern.
3. Salz, 250 ml Wasser, Essig und Zucker dazugeben und **15 Minuten/100 °C/Stufe 2** kochen.
4. Speisestärke in einer Tasse mit 4 EL kaltem Wasser anrühren. **5 Minuten/100 °C/Stufe 3** am Gerät einstellen und die Speisestärke teelöffelweise durch die Deckelöffnung dazugeben.
5. Sauce heiß in ein vorbereitetes Schraubglas füllen und dieses gleich fest verschließen. Hält sich im Kühlschrank aufbewahrt mindestens 6 Monate.

TIPP: **Nach Belieben unter Schritt 2 25 g frischen, geschälten und geschnittenen Ingwer dazugeben. Ergibt ein feines asiatisches Aroma.**

Minzechutney mit Ingwer

Für 1 Glas, ca. 250 ml

1 Bund Lauchzwiebeln
2 Knoblauchzehen
½–1 grüne Chilischote
1 Stück frischer Ingwer (etwa walnussgroß)
1 Bio-Zitrone
50 g frische Minze
20 g Zucker
2 EL Olivenöl
100 ml Wasser
Salz, Pfeffer

1. Die Lauchzwiebeln putzen, waschen und mit viel Grün in Stücke schneiden. Die Knoblauchzehen schälen. Die Chilischote waschen, längs aufschlitzen und die Kerne entfernen. Den Ingwer schälen und klein schneiden. Die Zitrone heiß waschen, 1 EL Schale abraspeln und die Frucht auspressen.
2. Minze waschen, mit Küchenkrepp trocken tupfen und die Blätter von den Stängeln zupfen.
3. Alle vorbereiteten Zutaten mit Zucker, Öl und Wasser in den Mixtopf geben, den Messbecher aufsetzen und alles **20 Sekunden/Stufe 8** zerkleinern. Mit dem Spatel nach unten schieben und den Vorgang wiederholen, bis eine homogene Paste entsteht.
4. Chutney in ein gut verschließbares Glas umfüllen und einige Stunden durchziehen lassen. Im Kühlschrank hält es sich verschlossen mindestens 3 Wochen.

TIPP: **Wenn Ihnen das Chutney zu scharf geworden ist, helfen süße Früchte wie zum Beispiel Mango, Aprikose oder Pfirsich. Sie können die Sauce auch mit 100 ml Joghurt, saurer Sahne oder Crème fraîche verrühren.**

Chimichurri

Für 2 Gläser à ca. 200 ml

1 Zwiebel
2–3 Knoblauchzehen
1 rote Peperoni nach Belieben
1 kleine rote Spitzpaprikaschote
100 g glatte Petersilie
50 g frische Kräuter (z. B. Oregano, Majoran, Salbei oder Thymian)
2 Lorbeerblätter
1 TL Paprikapulver, edelsüß
100 ml Rotweinessig
50 ml Wasser
200 ml Olivenöl
Salz, Pfeffer

1. Die Zwiebel abziehen und vierteln. Die Knoblauchzehen schälen. Peperoni – wenn Sie es gerne scharf mögen – waschen, putzen, längs halbieren und die Kerne entfernen. Die Spitzpaprika waschen, putzen, entkernen und in Stücke schneiden.
2. Die Kräuter waschen, trocken schütteln und die Blätter von den Stängeln zupfen. Die Lorbeerblätter zerbröseln.
3. Zwiebel, Knoblauch, Peperoni und Paprika in den Mixtopf geben, den Messbecher aufsetzen und alles **3 Sekunden/Stufe 5** zerkleinern. Mit dem Spatel nach unten schieben.
4. Die Kräuter, Lorbeerblätter, Paprikapulver, Essig, Wasser und Öl dazugeben und **3 Sekunden/Stufe 5** zerkleinern. Mit dem Spatel nach unten schieben und den Vorgang so oft wiederholen, bis eine sämige Sauce entstanden ist, bei der aber noch einzelne Blättchen erkennbar sind.
5. Sauce in eine Schüssel umfüllen und zugedeckt mindestens 3 Stunden ziehen lassen. Mit Salz und Pfeffer abschmecken. Gleich servieren oder in heiß gespülte Schraubgläser füllen und mit einer dünnen Ölschichte bedeckt im Kühlschrank aufbewahren. Hält sich dort etwa 3–4 Wochen.

TIPP: Je länger die Sauce zieht, desto intensiver wird ihr Geschmack. Argentinier lassen sie bis zu 2 Wochen im Kühlschrank stehen – dann aber darauf achten, dass die Oberfläche komplett mit einer Schicht Olivenöl bedeckt ist.

INFO: Grundgewürz dieser argentinischen Sauce ist Petersilie. Als Kräuter sind ansonsten Oregano und Thymian sehr beliebt, aber Sie können nach Belieben verwenden, was Sie im Garten oder am Markt finden.

Mangochutney

Für 2 Gläser à 250 ml

3 reife Mangos (ca. 600 g Fruchtfleisch)
30 g frischer Ingwer
2 rote Peperoni
75 ml Apfelessig
100 g brauner Zucker
1 TL Salz
1 Limette

1. Die Mangos schälen und das Fruchtfleisch in Würfeln vom harten Kern schneiden. Ingwer schälen und grob hacken. Die Peperoni waschen, putzen und grob zerschneiden. Je schärfer das Chutney werden soll, desto mehr Peperonikerne sollten Sie drin lassen.
2. Peperoni und Ingwer in den Mixtopf geben und mit aufgesetztem Messbecher **5 Sekunden/Stufe 5** zerkleinern. Mit dem Spatel nach unten schieben.
3. Apfelessig, Zucker und Salz hinzufügen und alles **8 Minuten/100 °C/Stufe 2** kochen, bis sich der Zucker aufgelöst hat.
4. Die Limette auspressen, mit den Mangowürfeln dazugeben und Chutney **25 Minuten/90 °C/Stufe 2 linksdrehend** sirupartig einkochen lassen.
5. Masse in vorbereitete Schraubgläser füllen, diese fest verschließen und kopfüber auskühlen lassen. Kann verschlossen im Kühlschrank mindestens 6 Monate aufbewahrt werden.

Apfel-Pflaumen-Chutney

Für 3 Gläser à 250 ml

1 EL Szechuan-Pfefferkörner
je 1 TL schwarze Pfefferkörner und Senfkörner
1 Bio-Limette
500 g säuerliche Äpfel (z. B. Boskoop, Granny Smith oder Topaz)
500 g Pflaumen oder Zwetschgen
75 g brauner Zucker
1 TL Salz
100 ml naturtrüber Apfelsaft oder Apfelessig

1. Pfeffer- und Senfkörner in den Mixtopf geben, den Messbecher mit Küchenkrepp abgedichtet aufsetzen und Körner **60 Sekunden/ Stufe 10** mahlen.
2. Die Limette heiß waschen, die Schale abraspeln und den Saft auspressen.
3. Die Äpfel waschen, vierteln und die Kerngehäuse herausschneiden. Die Pflaumen waschen, halbieren und entsteinen.
4. Alle Zutaten in den Mixtopf zu den Gewürzen geben und offen **25 Minuten/100 °C/ Stufe 1** einkochen lassen.
5. Das Chutney **25 Sekunden (fein) oder 10 Sekunden (gröber) /Stufe 6** pürieren und heiß in die vorbereiteten Gläser füllen. Gut verschließen und kopfüber auskühlen lassen. Hält sich ungeöffnet im Kühlschrank mindestens 6 Monate.

INFO: Szechuan-Pfeffer ist nur ganz dezent pfeffrig. Er stammt aus der chinesischen Provinz Sichuan und ist mit den Zitrusgewächsen verwandt. Sein Aroma geht in Richtung Blüten, Zitrone und Menthol. Wenn Sie ihn frisch mahlen, kommt es am besten zur Geltung.

Zitronenchutney

Für 3 Gläser à 250 ml

2 weiße Zwiebeln
4 Stängel Zitronengras
1 TL Koriandersamen
je ½ TL Cayennepfeffer und gemahlener Kardamom
1 EL gemahlene Kurkuma
250 ml weißer Essig
4 Bio-Zitronen
1 säuerlicher Apfel (z. B. Granny Smith, Boskoop oder Topaz)
Salz
eventuell 1 Päckchen Gelfix (25 g)

1. Die Zwiebeln abziehen und vierteln. Vom Zitronengras die äußeren Blätter entfernen und das weiße, weiche Innere grob zerschneiden.
2. Zwiebeln und Zitronengras in den Mixtopf geben und mit aufgesetztem Messbecher **5 Sekunden/Stufe 5** zerkleinern. Mit dem Spatel nach unten schieben und den Vorgang wiederholen.
3. Die Gewürze und den Essig dazugeben und alles **20 Minuten/100 °C/Stufe 1** weich kochen.
4. In der Zwischenzeit die Zitronen heiß waschen, die Schale dünn abraspeln, die weiße Haut abschälen, das Fruchtfleisch grob zerschneiden und die Kerne entfernen. Den Apfel schälen, das Kerngehäuse herausschneiden, das Fruchtfleisch grob zerschneiden und mit den Zitronen vermischen.
5. Zitronenschale, Zitronen und Apfelstücke in den Mixtopf geben und **1 ½ Stunden/90 °C/Rührstufe** leicht köcheln lassen.
6. Chutney mit Salz abschmecken. Nach Belieben das Ganze noch etwas feiner pürieren. Je nach Saftigkeit der Zitronen kann es nötig sein, mit Gelfix oder einem anderen Geliermittel etwas nachzuhelfen, um die richtige Konsistenz zu bekommen.
7. Chutney in heiß ausgespülte Schraubgläser füllen, diese fest verschließen und umgedreht abkühlen lassen. Gut verschlossen bis zu 1 Jahr haltbar.

TIPP: Sie können zusätzlich auch frische Kräuter wie Basilikum, Thai-Basilikum oder Thymian – alles fein gehackt – unter das fertige Chutney mischen. Oder, wenn Sie es scharf mögen,1 entkernte rote Peperoni in Schritt 2 mit verarbeiten.

Cranberrychutney

Für 1 Glas, ca. 300 ml

1 Bio-Orange
300 g frische Cranberrys
100 g brauner Zucker
1 Pck. Zitronensäure (wenn Sie das Chutney aufbewahren wollen)
1 Sternanis
½ TL gemahlener Zimt
geriebene Muskatnuss
Salz, Pfeffer

1. Die Orange heiß waschen, abtrocknen und 1 EL Schale fein abraspeln. Die Frucht auspressen. Den Orangensaft eventuell mit etwas Wasser auf 150 ml auffüllen.
2. Die Cranberrys in ein Sieb geben, abbrausen und zerquetschte Früchte aussortieren. Stiele und Blätter entfernen.
3. Die Früchte mit Orangensaft, Zucker, Zitronensäure und dem Sternanis in den Mixtopf geben und **15 Minuten/100 °C/Stufe 0,5 linksdrehend** weich kochen.
4. Den Sternanis entfernen. Chutney mit Zimt, Muskatnuss, Salz, Pfeffer und nach Belieben noch etwas Zucker abschmecken. Den Orangenabrieb dazugeben und alles nochmals **2 Minuten/100 °C/Stufe 0,5 linksdrehend** aufkochen lassen.
5. Chutney zum Aufbewahren heiß in ein vorbereitetes Schraubglas füllen, dieses fest verschließen und kopfüber auskühlen lassen. Hält ungeöffnet ca. 2 Monate.

TIPP: **Wenn das Cranberrychutney nur für Erwachsene sein soll: 50 ml Portwein unter Schritt 4 untergerührt geben dem Ganzen noch einen besonderen Kick.**

INFO: **Cranberrys haben auch in unseren Supermärkten Einzug gehalten. In den USA sind die großen luftgefüllten Beeren als Beilage zum Thanksgiving-Truthahn ein Muss. Unser Cranberrychutney schmeckt auch zu Käse, aufs Brot oder statt Preiselbeeren zu Hirsch und Reh.**

Pickles

Pickles oder Mixed Pickles sind die englischen Ausdrücke für sauer eingelegtes Gemüse. Egal, wie Sie es nennen, ganz wichtig ist: Der Essig soll einen Säuregehalt von mindestens 5 Prozent haben. Und verwenden Sie kein Jodsalz – das macht das Gemüse mit der Zeit matschig.

Faustregel für schnelles Einlegen: 250 ml Essig, 500 ml Wasser, 2 EL Meersalz und 2 EL Rohrzucker aufkochen. Gewürze und Kräuter kommen dann nach Belieben dazu. So können Sie auch zu viel gekauftes Gemüse ganz schnell in Gläser gepackt haltbar machen.

Marinierter Weißkohl

Für 4–5 Gläser à 250 ml

500 g Weißkohl
200 g Möhren
300 ml Weißweinessig
250 ml Gemüsebrühe
1 EL Salz
1 TL weiße Pfefferkörner
1 TL Zucker
1 EL Kümmel nach Belieben

1. Den Weißkohl putzen, waschen und grob zerschneiden. Die Möhren schälen, putzen und ebenfalls grob zerschneiden.
2. Jeweils die Hälfte des Weißkohls und der Möhren in den Mixtopf geben und mit aufgesetztem Messbecher mithilfe des Spatels **4 Sekunden/Stufe 5** zerkleinern.
3. Gemüse in vorbereitete Schraubgläser füllen und dabei gut andrücken. Mit dem restlichen Weißkohl und den restlichen Möhren ebenso verfahren. Den Mixtopf nicht spülen.
4. Essig, Gemüsebrühe, Salz, Pfefferkörner, Zucker und eventuell Kümmel in den Mixtopf füllen und in **8 Minuten/100 °C/Rührstufe** zum Kochen bringen. Heiß in die Gläser gießen, sodass das Gemüse damit bedeckt ist. Gläser sofort fest verschließen und kopfüber auskühlen lassen.
5. Gemüse etwa 2 Wochen durchziehen lassen. Ungeöffnet 6 Monate haltbar, nach dem Öffnen im Kühlschrank aufbewahren.

TIPP: **Zusätzlich können Sie zum marinierten Weißkohl Walnüsse, Haselnüsse oder Mandeln geben. Einfach etwa 50 g gehackte Nüsse oder Mandeln zusammen mit dem Gemüse in die Gläser schichten.**

Essiggurken

Für 4–5 Gläser à 400 ml

1 kg kleine Einmachgurken (August/September am Markt)
50 g Salz
Wasser zum Bedecken der Gurken
1 weiße Zwiebel
4 Stängel Dill
15 g Senfkörner
5 g weiße Pfefferkörner
10 Wacholderbeeren
400 ml Weißweinessig (mindestens 5 % Säuregehalt)
600 ml Wasser
200 g Zucker
2 EL Meersalz
4–5 Knoblauchzehen
4–5 Lorbeerblätter

1. Gurken unter fließendem Wasser mit einer Gemüsebürste abbürsten. Stiele abschneiden und Gurken in eine Schüssel geben. Mit Salzwasser bedecken und mindestens 24 Stunden (bis zu 48 Stunden) stehen lassen.
2. Die Gurken aus dem Salzwasser nehmen, abspülen und gut abtrocknen. Ganz lassen oder in ca. 1 cm dicke Scheiben schneiden.
3. Die Zwiebel abziehen und in Ringe schneiden. Den Dill waschen, trocken tupfen und die Blätter in Büscheln von den Stängeln zupfen. Die Gurkenscheiben abwechselnd mit Zwiebelringen und Dill in die vorbereiteten Gläser schichten.
4. Für den Sud Senf-, Pfefferkörner und Wacholderbeeren in den Mixtopf geben und mit aufgesetztem Messbecher **2 Sekunden/Stufe 10** leicht zerkleinern. Essig, Wasser, Zucker und Salz dazugeben und in **8 Minuten/100 °C/Rührstufe** zum Kochen bringen.
5. In der Zwischenzeit die Knoblauchzehen schälen. Pro Glas je 1 Knoblauchzehe und 1 Lorbeerblatt auf die Gurken geben.
6. Den Sud heiß über die Gurken gießen, sodass sie vollständig damit bedeckt sind. Gläser sofort fest verschließen und kopfüber auskühlen lassen. 4 Wochen kühl lagern, damit die Gurken durchziehen können. Sie halten ca. 6–8 Monate.

Senfgurken

Für ca. 4 Gläser à 500 ml

100 g frischer Meerrettich
2 kg Schälgurken, Schmorgurken oder Salatgurken
1 große weiße Zwiebel
4 Stängel Dill
400 ml Weißweinessig
500 ml Wasser
300 g Zucker
50 g Senfkörner
10 g Koriander- oder Fenchelsamen
15 g Salz

1. Den Meerrettich schälen, putzen und grob zerhacken. In den Mixtopf geben und mit aufgesetztem Messbecher **6 Sekunden/Stufe 8** reiben. In eine Schüssel umfüllen und zugedeckt beiseitestellen. Den Mixtopf nicht reinigen.
2. Die Gurken schälen, längs halbieren und die Kerne mit einem Löffel herauskratzen. Gurken in mundgerechte Stücke zerteilen. Die Zwiebel schälen, halbieren und in halbe Ringe schneiden. Gurken und Zwiebel in den Varoma geben. Dill waschen, trocken schütteln und in den Einlegeboden legen.
3. Essig, Wasser, Zucker, Senfkörner und Koriandersamen mit Salz in den Mixtopf füllen, Varoma mit Einlegeboden aufsetzen und das Ganze **20 Minuten/100 °C/ Stufe 1** garen.
4. Gurken, Zwiebel, Meerrettich und Dill in die vorbereiteten Schraub- oder Bügelgläser schichten und mit dem heißen Sud bedecken. Gläser sofort verschließen und kopfüber auskühlen lassen. Gurken 1–2 Tage durchziehen lassen. Ungeöffnet 3–4 Monate haltbar – im Kühlschrank noch länger.

TIPP: Für alle, die süß-scharfe Aromen mögen: 1–2 Chilischoten oder Peperoni waschen, putzen, aufschlitzen, grob zerschneiden und mit den Gurken in die Gläser schichten.

Gemüse, sauer eingelegt

Für 4 Gläser à ca. 500 ml

2 ½ l Wasser
2 EL Meersalz
200 g Tomaten
8 Knoblauchzehen
2 weiße Zwiebeln
1 rote Paprikaschote
400 g Möhren
400 g gelbe oder grüne Zucchini
4 Stängel Dill
1 Zitrone
4 Lorbeerblätter
250 ml weißer Balsamessig (mindestens 5 % Säuregehalt)
500 ml Wasser
2 EL Senfsaat
1 EL weiße oder bunte Pfefferkörner
1 EL Honig oder brauner Zucker nach Belieben

1. Zum Blanchieren das Wasser mit 1 EL Salz im Mixtopf in **10 Minuten/Rührstufe** zum Kochen bringen.
2. In der Zwischenzeit die Tomaten waschen und halbieren. Stielansätze und Kerne entfernen und das Fruchtfleisch in Streifen schneiden. Den Knoblauch schälen. Die Zwiebeln abziehen, in Ringe schneiden und in den Varoma legen. Die Paprikaschote waschen, putzen und vierteln. Möhren schälen, putzen und in 1 cm dicke Scheiben schneiden. Zucchini waschen, putzen und ebenfalls in 1 cm breite Scheiben schneiden. Den Dill waschen, trocken tupfen und die Blätter von den Stängeln zupfen. Die Zitrone heiß waschen und längs vierteln.

3. Möhren in das Garkörbchen geben, einhängen, Varoma mit den Zwiebeln aufsetzen und **4 Minuten/Varoma/Rührstufe** blanchieren. Varoma abnehmen und beiseitestellen. Die Möhren aus dem Garkörbchen in eine große Schüssel mit kaltem Wasser geben.
4. Die Zucchini- und Paprikastücke ins Garkörbchen legen und **2 Minuten/Varoma/Rührstufe** blanchieren. Gemüse durch ein Sieb abgießen, kalt abschrecken und abtropfen lassen.
5. Gemüse abwechselnd mit Tomaten, Knoblauch, Zwiebelringen, Dill, Zitronenvierteln und Lorbeerblätter in heiß ausgespülte Gläser schichten. Den Mixtopf ausleeren.
6. Essig, Wasser, restliches Salz, Senfsaat, Pfefferkörner und nach Belieben den Honig in den Mixtopf füllen und in **7 Minuten/Varoma/Rührstufe** aufkochen lassen. Sud heiß in die vorbereiteten Schraubgläser füllen, sodass das Gemüse vollständig damit bedeckt ist.
7. Die Gläser sofort fest verschließen und das Ganze mindestens 1 Woche kühl zum Durchziehen lagern. Hält ungeöffnet etwa 6 Monate. Geöffnete Gläser im Kühlschrank aufbewahren.

Rote-Bete-Pickles

Für 2 Gläser à ca. 500 ml

1 kg frische Rote Beten
2 rote Zwiebeln
4 Knoblauchzehen
250 ml Weißwein- oder Sherryessig
200 ml Wasser
50 g brauner Zucker
2 TL Kümmel
1 EL Meersalz
1 EL schwarze Pfefferkörner
4 Lorbeerblätter

1. Die Roten Beten putzen und mit dem Sparschäler schälen – dabei unbedingt die Hände mit Handschuhen vor dem stark färbenden roten Saft schützen! Beten in etwa 1 ½ cm große Würfel schneiden. Alternativ in den Mixtopf geben und in 2 Portionen jeweils **3 Sekunden/Stufe 5** zerkleinern.
2. Die Zwiebeln abziehen, halbieren, in halbe Ringe schneiden und in den Varoma legen. Die Knoblauchzehen schälen.
3. Rote Beten, Essig, Wasser, Zucker, Kümmel, Salz und Pfefferkörner im Mixtopf mit dem Spatel vermischen, den Varoma mit den Zwiebeln aufsetzen und das Ganze **10 Minuten/Varoma/Stufe 1 linksdrehend** garen.
4. Die Zwiebeln aus dem Varoma zu den Roten Beten geben und alles zusammen noch **2 Minuten/100 °C/Stufe 2 linksdrehend** kochen.
5. Die vorbereiteten Schraub- oder Bügelgläser zur Hälfte mit den Roten Beten und ihrem Sud füllen, Knoblauch und Lorbeerblätter einlegen und das restliche Gemüse und den Sud daraufgeben. Gläser sofort fest verschließen und kopfüber auskühlen lassen. Etwa 1 Woche durchziehen lassen. Hält ungeöffnet ca. 6 Monate.

TIPP: **Nach Belieben je 2 cm Zimtstange in die Gläser geben. Zu den Roten Beten passen auch Ingwer oder frischer Meerrettich gut. Einfach in Stücken oder geraspelt mit dem Knoblauch in die Gläser verteilen.**

Sushi-Ingwer

Für 2 Gläser à 200 ml

300 g frischer Ingwer
2 TL Salz
50 ml Rote-Bete-Saft
200 ml Reisessig
80 g brauner Zucker

1. Den Ingwer schälen und grob hacken. In den Mixtopf geben und mit aufgesetztem Messbecher **2 Sekunden/Stufe 5** zerkleinern. Mit dem Spatel nach unten schieben und bei Bedarf den Vorgang wiederholen. Ingwer in eine Schüssel umfüllen. Mixtopf nicht spülen. (Alternativ können Sie den Ingwer auch von Hand in sehr dünne Scheiben schneiden.)
2. Ingwer in eine Schüssel geben und mit Salz und Rote-Bete-Saft vermischen. Zugedeckt 1 Stunde ziehen lassen. Anschließend durch ein Sieb abgießen und abtropfen lassen.
3. Reisessig und Zucker in den Mixtopf füllen und **5 Minuten/100 °C/Stufe 2** kochen, damit sich der Zucker auflöst. Den Ingwer dazugeben und **2 Minuten/100 °C/Stufe 2 linksdrehend** kochen.
4. Mischung heiß in vorbereitete Schraubgläser füllen, diese sofort fest verschließen und kopfüber auskühlen lassen. In den Kühlschrank geben und 1–2 Tage durchziehen lassen. Ungeöffnet hält sich der Sushi-Ingwer mindestens 3 Monate.

TIPP: **Experimentieren Sie nach Lust und Laune. Sie können mehr Zucker verwenden oder den Essig mit etwas Wasser verdünnen. Das kommt ganz auf Ihre Vorlieben an.**

Eingelegter Knoblauch mit Ingwer

Für 2 Gläser à 200 ml

80 g Knoblauch (ca. 2 Knollen)
120 g frischer Ingwer
50 ml Reisessig
200 ml Apfelsaft
60 g brauner Zucker
1 TL Salz
2 Lorbeerblätter
2 cm Zimtstange
4 Gewürznelken

1. Knoblauch und Ingwer schälen. Ingwer in den Mixtopf geben und mit aufgesetztem Messbecher **2 Sekunden/Stufe 5** zerkleinern. Mit dem Spatel nach unten schieben und bei Bedarf den Vorgang wiederholen. Alternativ können Sie den Ingwer auch von Hand in feine Scheiben schneiden.
2. Essig, Apfelsaft, Zucker, Salz und Gewürze zum Ingwer in den Mixtopf geben. Die ganzen Knoblauchzehen zufügen und das Ganze in **5 Minuten/100 °C/Stufe 2 linksdrehend** aufkochen lassen.
3. Mischung heiß in die vorbereiteten Schraubgläser füllen und dabei darauf achten, die Gewürze gleichmäßig zu verteilen. Gläser fest verschließen und kopfüber auskühlen lassen. An einem dunklen, kühlen Ort gelagert ca. 6 Monate haltbar.

TIPP: **Vanille macht aus Knoblauch einen ganz feinen Kerl! Trauen Sie sich und geben unter Schritt 2 ein etwa 2 cm langes Stück einer Vanilleschote dazu.**

Backen

Eiweißbrot

Für 1 Kastenform, ca. 25 cm
8 Stunden Ruhezeit beachten!

160 g Sonnenblumenkerne
80 g Leinsamen
40 g Sesamsaat
80 g Walnusskerne
160 g Haferflocken
50 g Chiasamen
1 TL Salz
75 ml Rapsöl
2 EL Rüben- oder Ahornsirup
300 ml Wasser

1. 20 g Sonnenblumenkerne, 10 g Leinsamen und 10 g Sesamsaat zum Bestreuen beiseitestellen.
2. Restliche Sonnenblumenkerne und Walnusskerne in den Mixtopf geben und mit aufgesetztem Messbecher **7 Sekunden/Stufe 7** zerkleinern. Restliche Leinsamen und Sesamsaat, die Haferflocken, Chiasamen, Salz und Öl dazugeben und **10 Sekunden/Stufe 3** vermischen.
3. Sirup in einer Schüssel mit dem Wasser verrühren, zur Mischung geben und **3 Minuten/Teigstufe** verarbeiten. Teig in eine Schüssel umfüllen und ca. 8 Stunden (am besten über Nacht) quellen lassen.

4. Den Backofen auf 180 °C (Umluft 160 °C) vorheizen. Die Kastenform mit Backpapier auslegen, den Teig einfüllen und mit der beiseitegelegten Kerne- und Samenmischung bestreuen.
5. Brot in den Ofen schieben und 40 Minuten in der Form backen, dann mit dem Backpapier herausheben und auf einem Blech weitere 50 Minuten fertig backen.

INFO: Eiweißbrot wird für Sportler und im Rahmen der Low-Carb-Ernährung angepriesen. Die sonst im Brot enthaltenen Kohlenhydrate werden teilweise durch Proteine ersetzt. Die Spezialbrote sind meist recht kostspielig – und lesen Sie einmal nach, welche Hilfsstoffe nötig sind, um mit geringem Getreideanteil Brot zu backen! Wir haben uns daher der Sache angenommen und ein Brot auf Basis von Haferflocken mit dem »Kleber« Chiasamen entworfen.

Wenn Sie dieses Brot nicht innerhalb von 3 Tagen aufessen, dann frieren Sie es besser ein.

Windbeutel

Für ca. 36 Stück

750 ml Wasser
150 g Butter
1 TL Salz
450 g Mehl (Type 405)
12 Eier, Größe M

1. Wasser, Butter und Salz in den Mixtopf geben und **10 Minuten/100 °C/Stufe 1** kochen.
2. Das Mehl dazugeben und **25 Sekunden/Stufe 4** vermischen. Teig mit dem Spatel von der Topfwand lösen und 15 Minuten abkühlen lassen.
3. Den Backofen auf 200 °C (für Umluft weniger geeignet) vorheizen. 1 hitzebeständige Tasse mit Wasser auf den Backrost (unterste Schiene) stellen. 2 Backbleche mit Backpapier auslegen.
4. Das Gerät auf **Stufe 5** stellen und nach und nach die Eier durch die Deckelöffnung zum Teig geben. Wenn alle Eier eingerührt sind, das Ganz nochmals **40 Sekunden/Stufe 5** mischen.
5. Den Brandteig in einen Spritzbeutel füllen und kleine Häufchen oder Streifen in ca. 5 cm Abstand auf die Backbleche spritzen.
6. Windbeutel 20–25 Minuten pro Blech auf der mittleren Schiene im Ofen goldgelb backen. Dabei die Ofentür während der Backzeit nicht öffnen.
7. Windbeutel herausnehmen und komplett erkalten lassen. Nach Belieben mit Creme oder Sahne füllen.
8. Zum Einfrieren auf einen gefrierbeständigen Teller nebeneinanderstellen, einfrieren und erst dann in Gefrierbeutel geben. So können die Windbeutel einzeln entnommen werden. Sie halten sich ca. 6 Monate im Tiefkühler.

Teig für Crêpes

Für ca. 10 Stück

50 g Butter
600 ml Milch
100 ml Mineralwasser (sprudelnd)
250 g Mehl (Type 405)
4 Eier, Größe M
1 Prise Salz
Butter oder Butterschmalz zum Braten

1. Die Butter in den Mixtopf geben und **1 ½ Minuten/80 °C/Stufe 2** flüssig werden lassen.
2. Milch, Mineralwasser, Mehl, Eier und Salz dazugeben und **25 Sekunden/Stufe 4** vermischen.
3. Teig in eine Schüssel umfüllen und 30 Minuten bei Zimmertemperatur ruhen lassen.
4. Wenn Sie die Crêpes gleich zubereiten wollen, den Teig portionsweise in eine heiße Pfanne mit Butter oder Butterschmalz geben, zu einem Fladen verlaufen lassen und diesen von beiden Seiten braun backen. Nach Belieben süß oder salzig belegen.

TIPP: Sie können den Teig auf Vorrat zubereiten und in einer Flasche mit breiter Öffnung oder einem großen Schraubglas 2–3 Tage im Kühlschrank aufbewahren. Vor dem Backen gut durchrühren.
Crêpes, das sind die hauchdünnen Franzosen. Für Pfannkuchen oder Palatschinken nehmen Sie etwa 60 g mehr Mehl dazu, für die pummeligen amerikanischen Pancakes ca. 100 g Mehl mehr.
Zum Einfrieren die fertigen Crêpes mit Backpapier trennen. Nach dem Auftauen kurz in einer gebutterten beschichteten Pfanne knusprig backen.

Pizzateig

Für ca. 5 Stück

250 ml Wasser
1 Prise Zucker
5 g frische Hefe
500 g Pizzamehl (Tipo 00) oder Mehl (Type 405)
+ etwas für die Arbeitsfläche
10 g Salz
30 ml Olivenöl + etwas für die Schüssel

1. Wasser, Zucker und Hefe in den Mixtopf geben und **3 Minuten/37 °C/Stufe 2** verrühren.
2. Mehl, Salz und Olivenöl dazugeben und **10 Minuten/Knetstufe** zu einem geschmeidigen Teig kneten.
3. Teig in eine große geölte Schüssel (der Teig verdreifacht sein Volumen) umfüllen und 8–24 Stunden zugedeckt im Kühlschrank gehen lassen.
4. Vor dem Verarbeiten Teig auf einer bemehlten Arbeitsfläche zu 5 Kugeln formen und zugedeckt nochmals 1 Stunde ruhen lassen, bis sich der Teig auf Zimmertemperatur erwärmt hat.
5. Die Teiglinge nach Bedarf zu Pizzaböden ausrollen, auf mit Backpapier belegte Bleche geben, nach Wunsch belegen und 15–20 Minuten im vorgeheizten Ofen bei 270 °C (Umluft 250 °C) backen. Restlichen Teig einfrieren.

TIPP: **Machen Sie es wie die Italiener in Ihrer Lieblingspizzeria: Nehmen Sie zur Weiterverarbeitung viel Mehl für Hände und Arbeitsfläche – der Teig ist sehr elastisch, das heißt klebrig.**
Pizzateig eignet sich prima zum portionsweisen Einfrieren und kann im Tiefkühler mindestens 3 Monate aufbewahrt bleiben.
Portionierter Teig ist im Kühlschrank zugedeckt 2–3 Tage haltbar.
Wenn Sie den Teig in Kugeln portioniert einfrieren, vor dem Gebrauch etwa 8 Stunden im Kühlschrank schonend auftauen lassen.
Sie können den Teig aber auch dünn ausrollen (nach Belieben rund oder rechteckig) und mit Backpapier getrennt einfrieren. Die dünnen Platten sind in 15 Minuten aufgetaut und können belegt werden.

INFO: **Italienisches Pizzamehl enthält einen höheren Anteil an Klebereiweiß (Gluten) als unsere Mehle. Dadurch wird der Teig besonders elastisch, geht gut auf und lässt sich sehr dünn ausrollen. Sie bekommen das Mehl in italienischen Läden, manchmal auch in gut sortieren Supermärkten und auf jeden Fall im Internet.**
Die lange Teigführung bewirkt, dass sich die Hefe voll entwickeln kann und so der typische Pizzageschmack wie beim besten Italiener in der Stadt entsteht.

Süßer Mürbeteig

Für 3 Springformen, ca. 27 cm Durchmesser

Mürbeteig wird von vielen für zu kompliziert gehalten. Deshalb wird gerne zu den Fertigprodukten aus dem Kühlregal gegriffen. Dabei ist es ganz einfach, den Teig für Tartelettes, Blechkuchen, Quiches oder Kekse auf Vorrat zu machen und einzufrieren.

375 g Zucker
375 g kalte Butter
2 Eigelbe, Größe M
½ TL Salz
1 Pck. Backpulver
3 EL kaltes Wasser
750 g Mehl (Type 550) + etwas für die Arbeitsfläche

1. Den Zucker in den Mixtopf geben und mit aufgesetztem Messbecher **20 Sekunden/Stufe 10** zu Puderzucker mahlen.
2. Die Butter in Stücken dazugeben und **20 Sekunden/Stufe 4** vermischen. Die übrigen Zutaten zufügen und **40 Sekunden/Stufe 4** vermischen.
3. Den krümeligen Teig auf die bemehlte Arbeitsfläche kippen und mit den Händen rasch zu 3 Kugeln formen. Hält sich im Kühlschrank ca. 1 Woche, eingefroren etwa 3 Monate. Zum Auftauen braucht der Teig ca. 45 Minuten.
4. Den Teig nach Belieben belegen und im vorgeheizten Ofen 40–45 Minuten bei 180 °C (Umluft 160 °C) backen.

TIPP: **Machen Sie es wie die Teigfabriken: Rollen Sie den Teig (nachdem er ca. 1 Stunde im Kühlschrank ruhen konnte) auf Backpapier zur gewünschten Größe aus und formen mit dem Papier eine Rolle, die Sie dann einfrieren. Das verkürzt die Auftauzeit.**

Salziger Mürbeteig

Für 3 Springformen, ca. 27 cm Durchmesser

375 g kalte Butter
3 Eier, Größe M
10 g Salz
750 g Mehl (Type 550) + etwas für die Arbeitsfläche
3 EL kaltes Wasser

1. Die Butter in Stücken in den Mixtopf geben und **20 Sekunden/Stufe 4** mit den Eiern vermischen.
2. Die übrigen Zutaten dazugeben und alles in **40 Sekunden/Stufe 4** zu einem krümeligen Teig kneten.
3. Den Teig auf die bemehlte Arbeitsfläche kippen und mit den Händen rasch zu 3 Kugeln formen. Kann im Kühlschrank 1 Woche, im Tiefkühler bis zu 3 Monate aufbewahrt werden.
4. Den Teig nach Belieben belegen und im vorgeheizten Ofen 40–45 Minuten bei 180 °C (Umluft 160 °C) backen.

Cracker

Für ca. 24 Stück

100 g Haferflocken
40 g Sesamsaat
25 g Leinsamen
25 g Kürbiskerne
25 g Sonnenblumenkerne
1 TL Salz
1 TL Curry- oder Paprikapulver nach Belieben
20 ml Rapsöl
150 ml kochendes Wasser

1. Die Haferflocken in den Mixtopf geben und mit aufgesetztem Messbecher **45 Sekunden/Stufe 10** zu Mehl mahlen.
2. Die übrigen Zutaten hinzufügen und **1 Minute/Teigstufe** kneten. Teig in eine Schüssel umfüllen und 15 Minuten quellen lassen. Den Backofen auf 150 °C (Umluft 130 °C) vorheizen.
3. Ein Backblech mit Backpapier auslegen und den Teig 2–3 mm dick darauf verstreichen. Dann 45 Minuten auf der mittleren Schiene im Ofen knusprig backen.
4. Teigplatte noch heiß mit einem scharfen Messer in Vierecke schneiden oder abgekühlt in Stücke brechen. Die Cracker können 3–4 Wochen in einer gut verschließbaren Dose aufbewahrt werden.

TIPP: **Nach Belieben können andere Körner oder auch Nüsse verwendet werden. Klein zerbröselt schmecken die Cracker auch auf einem Salat.**

Getränke

Mandeldrink

Für ca. 800 ml

200 g ganze Mandeln ohne Haut
Wasser
Salz

1. Mandeln in eine Schüssel geben und mit Wasser bedecken. Offen 6–12 Stunden stehen lassen – je länger Sie die Mandeln einweichen, desto cremiger wird dann der Drink. (Durch das lange Einweichen wird auch die Phytinsäure in den Mandeln etwas unschädlich gemacht, wodurch die Mandeln besser verdaulich werden.)
2. Die Mandeln durch ein Sieb abgießen und unter fließendem kaltem Wasser abspülen.
3. Mit 1 l Wasser und 1 Prise Salz in den Mixtopf geben und **1 Minute/Stufe 10** zerkleinern.
4. Masse durch ein feines Sieb in einen hohen Topf abgießen. Öfter schütteln, damit möglichst viel von der Flüssigkeit in den Topf gelangt. In eine Glasflasche gefüllt hält sich der Mandeldrink 4–5 Tage im Kühlschrank. Kann für Obst- oder Gemüse-Smoothies verwendet werden.

TIPP: Um den Drink noch feiner zu machen, können Sie ihn auch durch einen Nussmilchbeutel (in Drogeriemärkten erhältlich) abseihen oder das Sieb mit einem Passiertuch auslegen und den Trester anschließend noch auspressen.
Der Trester kann getrocknet und dann als Mehl verwendet werden. Auf einem Backblech ausbreiten und 2–3 Stunden bei 80 °C (Umluft 60 °C) im Backofen trocknen. Anschließend so lange offen stehen lassen, bis die Masse beim Krümeln nicht mehr klebt. Die Trockenzeit hängt davon ab, wie gut Sie den Mandelbrei vorher ausgepresst haben. Diese Masse eignet sich gut, um Suppen anzudicken oder Smoothies zusätzliche gesunde Inhaltsstoffe zu geben.
Wenn Sie wollen, können Sie aus dem getrockneten Trester auch Mandelmehl machen: **30 Sekunden/Stufe 10** im Thermomix® pulverisieren. Damit können Sie in der Low-Carb-Ernährung etwa 10–15 Prozent des herkömmlichen Mehls ersetzen – das spart Kohlenhydrate bei Kuchen und Brot und Geld beim Einkauf, denn Mandelmehl ist recht teuer.

INFO: Mandelmilch, die man eigentlich so nicht nennen darf, und anderen veganen Milchersatz gibt es in guter Qualität auch fertig zu kaufen. Diese »Milch«sorten werden unter dem Label »Drink« verkauft, und auch wir nennen sie so. Ausnahme: Kokosmilch, von der EU-Kommission aus »Traditionsgründen« erlaubt. Die Supermarktdrinks können mit Konservierungsstoffen versetzt sein. Wenn Sie – zum Beispiel aufgrund von Allergien – sichergehen oder tierische Produkte vermeiden wollen, können Sie die Drinks im Thermomix® preiswert und schnell zubereiten. Aus Haselnüssen, Walnüssen oder Cashewkernen können Sie nach demselben Verfahren leckere und gesunde Nussgetränke herstellen.

Kokosmilch

Für ca. 1 l

1,2 l Wasser
300 g Kokosraspel

1. Wasser in den Mixtopf füllen und in **8 Minuten/120 °C/Rührstufe** zum Kochen bringen.
2. Kokosraspel dazugeben und zugedeckt 10 Minuten quellen lassen.
3. Dann **1 Minute/Stufe 10** pürieren, nochmals 5 Minuten stehen lassen und abermals **1 Minute/Stufe 10** pürieren.
4. Masse durch ein feines Sieb oder einen Nussmilchbeutel abgießen. Flüssigkeit in eine Flasche füllen und im Kühlschrank aufbewahren. Hält sich ca. 10 Tage.

INFO: **Vor Gebrauch als Getränk und zur Smoothie-Zubereitung schütteln! Das Kokosfett trennt sich eventuell vom Kokoswasser, da keine Stabilisatoren zugefügt sind.**
Sie können die Milch aber auch 1–2 Tage im Kühlschrank ganz ruhig stehen lassen, dann entsteht eine Kokosmilch »wie aus der Dose«, die Sie für Asiagerichte verwenden können. Dafür am besten in gespülte 250-ml-Behälter füllen und einfrieren.

Haferdrink

Für ca. 1 l

50 g Haferflocken
500 ml kaltes Wasser
1 Prise Salz

1. Die Haferflocken in den Mixtopf geben und mit aufgesetztem Messbecher **10 Sekunden/Stufe 10** zerkleinern.
2. Wasser und Salz zufügen und **45 Sekunden/Stufe 10** mixen. Abkühlen lassen und nochmals **45 Sekunden/Stufe 10** mixen. Wenn sich die Haferflocken beim Zerkleinern zu sehr erhitzen, können sie schleimig werden.
3. Masse durch ein feines Sieb oder einen Nussmilchbeutel abgießen. Flüssigkeit nicht länger als 1 Tag aufbewahren.

TIPP: **Wer den Haferdrink gerne süß trinken möchte, zerkleinert mit den Haferflocken zum Beispiel 2 Datteln oder vermischt den fertigen Drink mit 1 EL Sirup nach Wahl.**

Reisdrink

Für ca. 1 l

2 l Wasser
Salz
100 g Reis
Wasser zum Kochen

1. 1 l Wasser mit 1 Prise Salz in den Mixtopf geben. Das Garkörbchen einhängen und den Reis einwiegen. **20 Minuten/100 °C/Stufe 4** garen. Reis herausnehmen und abkühlen lassen. Den Mixtopf spülen.
2. Den gekochten Reis mit 1 l kaltem Wasser in den Mixtopf füllen und **2 Minuten/Stufe 10** pürieren.
3. Masse durch ein feines Tuch oder einen Nussmilchbeutel abgießen. Drink in ein sauberes Gefäß gießen und im Kühlschrank aufbewahren. Hält sich 3–5 Tage.

TIPP: **Reis- und Haferdrink eignen sich besonders gut zur Zubereitung von Kakaogetränken. Wenn Sie den nussig-würzig schmeckenden Naturreis verwenden wollen, müssen die Kochzeit verdoppelt und 250 ml Wasser mehr zum Reiskochen verwendet werden.**

Ingwersirup mit Zitrone

Für 1 Flasche, ca. 500 ml

300 g frischer Ingwer
1 Bio-Zitrone
250 g Zucker
500 ml Wasser

1. Ingwer schälen und grob zerschneiden. In den Mixtopf geben und mit aufgesetztem Messbecher **10 Sekunden/ Stufe 8** zerkleinern. Mit dem Spatel nach unten schieben und den Vorgang wiederholen.
2. Die Zitrone heiß waschen, die Schale fein abraspeln und die Frucht auspressen. Saft und Schale mit dem Zucker zum Ingwer geben, das Wasser dazugießen und das Ganze **30 Minuten/100 °C/Stufe 1,5** offen einkochen lassen.
3. Sirup in einen Behälter umfüllen und abkühlen lassen. Dann durch ein mit einem sauberen Küchentuch ausgelegtes Sieb filtern und in eine heiß ausgespülte, saubere Flasche füllen. Hält sich im Kühlschrank etwa 2 Wochen. Für längere Aufbewahrung im Eiswürfelbehälter einfrieren.

TIPP: **Für ein erfrischendes Getränk 2 EL Sirup je nach Geschmack mit 150 oder 250 ml kaltem Wasser (still oder Sprudel) aufgießen.**

INFO: **Wenn Sie für Ihren Sirup den Zucker ganz oder teilweise durch Süßungsmittel wie Erythrit, Stevia, Xylith (Birkenzucker) oder andere ersetzen wollen, um Kohlenhydrate einzusparen, beachten Sie bitte, dass diese keine konservierende Wirkung haben. Solchen Sirup sollten Sie schnell verbrauchen oder nur in kleinen Mengen herstellen.**

Holunderblütensirup

Für 2 Flaschen à 500 ml

1 ½ l Wasser
1,2 kg Zucker
5 Pck. Zitronensäure (à 5 g)
1 Bio-Zitrone
25 Dolden Holunderblüten

1. Wasser und Zucker mit der Zitronensäure in den Mixtopf geben. Garkörbchen als Spritzschutz aufsetzen. **10 Minuten/100 °C/Stufe 2** aufkochen und anschließend auf Zimmertemperatur abkühlen lassen.
2. Die Zitrone heiß waschen und in dünne Scheiben schneiden. Die Holunderblüten ausschütteln und die Stiele abschneiden. Holunderblüten behutsam in kaltem Wasser schwenken und gut abtropfen lassen.
3. Blüten mit den Zitronenscheiben in eine Schüssel geben und mit dem Zuckersirup übergießen. Zugedeckt 3–4 Tage im Kühlschrank ziehen lassen. Dabei 1–2 Mal täglich umrühren.
4. Ein feines Sieb über den Mixtopf hängen (oder das Garkörbchen mit einem sauberen Geschirrtuch auslegen), die Holunderblüten mit dem Saft hineingeben und mit einer Kelle ausdrücken.
5. Den Sirup in **8 Minuten/100 °C/Stufe 2** aufkochen lassen, weitere **4 Minuten/ 100 °C/Stufe 2** sprudelnd kochen lassen (Garkörbchen als Spritzschutz!) und heiß in vorbereitete Flaschen füllen. Diese fest verschließen und kopfüber auskühlen lassen. Kühl und dunkel gelagert hält der Sirup etwa 4 Monate.

INFO: Ende Frühling/Anfang Sommer – je nach Witterung – blüht der heimische Holunder. Da es die weißen Dolden nur selten oder gar nicht zu kaufen gibt, müssen Sie selbst ernten. Achten Sie dabei darauf, wirklich nur die weißen Dolden zu pflücken. Stängel und Blätter sind leicht giftig und können Magenbeschwerden verursachen. Wegen einer möglichen Schadstoffbelastung sollte auch nur abseits viel befahrener Straßen gesammelt werden. Belohnt werden Sie für die Mühe mit einem unvergleichlichen Aroma, mit dem Sie mit oder ohne Alkohol den beliebten »Hugo« zubereiten können. Für eine Limonade verdünnen Sie etwa 1 Teil Sirup mit 4 Teilen Wasser.

Holundersaft und -sirup

Für ca. 3 Flaschen à 500 ml

1 ½ kg reife Holunderdolden
1 Zitrone
150 ml Wasser
500 g Zucker

1. Holunderbeeren waschen und mit einer Gabel von den Dolden streifen. Grüne Beeren und Stiele vollständig entfernen. Die Zitrone auspressen. Beeren mit Wasser und Zitronensaft in den Mixtopf geben und **20 Minuten/100 °C/Stufe 1** sehr weich kochen.
2. Ein Sieb mit einem sauberen Küchentuch auskleiden und über einen großen Topf geben. Die gekochten Beeren mit ihrem Saft hineinschütten, gut ausdrücken und – am besten über Nacht – vollständig abtropfen lassen.
3. 1 l Saft abmessen und mit dem Zucker mindestens **15 Minuten/100 °C/Stufe 1** einkochen lassen. Je nach gewünschter Konsistenz auch länger.

TIPP: **Holundersaft eignet sich auch sehr gut zur Herstellung von Gelee. Dazu den Saft einfach mit Gelierzucker nach Packungsanleitung einkochen. Sie können den Saft auch mit Zwetschgen-, Apfel- oder Birnensaft vermischen.**

INFO: **Unbedingt darauf achten, dass keine grünen Stängel mehr an den Beeren sind. Diese enthalten Sambunigrin, woraus giftige Blausäure entstehen kann.**

Erdbeersirup

Für 2 Flaschen à ca. 500 ml

1 kg frische, sehr reife Erdbeeren
600 ml Wasser
2 Zitronen
250 g Zucker

1. Die Erdbeeren behutsam waschen und putzen. Größere Exemplare halbieren. Mit dem Wasser in den Mixtopf geben und **10 Minuten/Varoma/Rührstufe** weich kochen.
2. Erdbeeren durch ein feines Sieb oder Küchentuch in einen Topf abgießen und gut ausdrücken. Die Zitronen auspressen.
3. Erdbeersaft, Zitronensaft und Zucker in den Mixtopf geben und **7–10 Minuten/Stufe 2** zu einem Sirup einkochen. Die Kochzeit hängt vom Wassergehalt der Erdbeeren ab.
4. Erdbeersirup in vorbereitete Schraubfläschchen füllen, diese gut verschließen und zum Aufbewahren kopfüber auskühlen lassen. Der Sirup ist etwa 1 Monat haltbar.

INFO: **Richtig reife Erdbeeren erkennen Sie daran, dass unter dem Fruchtstiel kein weißer oder gelblicher Rand mehr zu sehen ist.**

Rhabarbersirup

Für 2 Flaschen à ca.500 ml

1 kg Rhabarber
800 ml Wasser
2 Limetten
400 g weißer Zucker

1. Rhabarber putzen, waschen und in etwa 2 cm lange Stücke schneiden. Mit dem Wasser in den Mixtopf geben und **18 Minuten/Varoma/Rührstufe linksdrehend** weich kochen.
2. Durch ein feines Sieb oder Küchentuch in einen Topf abgießen und mit einer Schöpfkelle gut ausdrücken. Die Limetten auspressen.
3. Rhabarbersaft mit Limettensaft und Zucker in den Mixtopf füllen und **20 Minuten/100 °C/Stufe 2** einkochen lassen.
4. Sirup heiß in vorbereitete Schraubfläschchen füllen und zum Aufbewahren kopfüber auskühlen lassen. Ungeöffnet etwa 8 Wochen im Kühlschrank haltbar, geöffnet nur 2–3 Wochen.

TIPP: **Gewürze wie Vanille, Sternanis oder auch einige schwarze Pfefferkörner geben zusätzliches Aroma.**

INFO: **Beim Rhabarber gibt es verschiedene Sorten. Wer es eher säuerlich mag, sollte grüne wählen. Durch und durch rote Rhabarberstangen garantieren ein feineres, süßliches Aroma.**
Besonders geeignet für alle Kuchen und Saft ist der Himbeerrhabarber, auch Erdbeer- oder Rosenrhabarber genannt, der aus den Niederlanden kommt und dort »Frambozen rood« genannt wird.

Quittensirup

Für 2 Flaschen à ca. 500 ml

1 kg Quitten
1 l Wasser
1 Zitrone
200 g Zucker oder mehr nach Belieben

1. Die Quitten waschen und dabei den Flaum mit einem Tuch oder Schwamm entfernen – er schmeckt bitter. Quitten mit Kerngehäuse und Schale grob hacken und mit dem Wasser in den Mixtopf geben. **45 Minuten/Varoma/Rührstufe linksdrehend** weich kochen.
2. Ein Sieb mit einem sauberen Küchentuch auskleiden und über einen Topf hängen. Gekochte Quitten hineingeben und mithilfe einer Schöpfkelle ausdrücken. Die Zitrone auspressen.
3. Quittensaft mit Zitronensaft und Zucker in den Mixtopf geben und **10 Minuten/Varoma/Stufe 2** kochen. Mit Einfülltrichter in vorbereitete Schraubfläschchen füllen, diese gut verschließen und zum Aufbewahren kopfüber auskühlen lassen. Der Sirup ist 6 Monate haltbar.

TIPP: **Quitten haben einen eher herben Geschmack. Sie können die Hälfte der Quitten durch Äpfel ersetzen, was auch für Gelees gerne gemacht wird. Auf Wunsch kann man auch nach dem Einkochen mit zusätzlichem Zucker abschmecken.**

Trinkschokolade

Für 1 l

850 ml Wasser
10 entsteinte Datteln
25 g Mandelmus (Fertigprodukt oder Rezept Seite 22)
2 EL Rohkakao

1. Wasser in den Mixtopf füllen und in **5–6 Minuten/100 °C/Rührstufe** zum Kochen bringen. Alternativ kochendes Wasser aus dem Wasserkocher verwenden.
2. Die übrigen Zutaten dazugeben und mit aufgesetztem Messbecher **1 Minute/Stufe 8** mixen.
3. Kakao auf 4 Gläser oder Tassen à ca. 250 ml verteilen und genießen. Oder erkalten lassen und gut verschlossen im Kühlschrank aufbewahren. Hält mindestens 1 Woche. Vor dem Trinken durchschütteln!

TIPP: Wenn erforderlich, können Sie die Trinkschokolade mit Kokosblütenzucker oder Agavensirup süßen. Alternativ können Sie unter Schritt 2 Trockenobst nach Belieben mitmixen.

INFO: Kakao ist einer der besten Magnesiumspender überhaupt – das ist gerade für Sportler wichtig. Schwach entöltes Kakaopulver enthält mehr als 500 mg Magnesium/100 g. Mit dem Kakao in der Trinkschokolade (mit Mandeldrink oder -mus hergestellt) oder als Zugabe im Smoothie können Sie schon einen großen Teil Ihres Tagesbedarfs decken.

Marmeladen

Fruchtige Himbeeren ohne Zucker

Für 3 Gläser à ca. 200 ml

500 g Himbeeren
100 g Zuckerersatz
2 EL Zitronensaft
1 TL Agar-Agar

1. Himbeeren behutsam waschen und verlesen. Mit Zuckerersatz und Zitronensaft in den Mixtopf geben und **5 Sekunden/Stufe 2** verrühren.
2. Agar-Agar in einer Tasse mit 2 EL Wasser mischen. Es entsteht sofort eine Geleemasse. Diese zu den Himbeeren geben und alles zusammen **15 Minuten/100 °C/Rührstufe** einkochen.
3. Die heiße Konfitüre in die vorbereiteten Gläser füllen, diese sofort verschließen und 24 Stunden beiseitestellen. Die Gläser sollten nicht bewegt werden, damit der Gelierprozess nicht unterbrochen wird. Hält sich im Kühlschrank etwa 3 Monate.

Johannisbeergelee

Für 6 Gläser à ca. 250 ml

1 ½ kg reife Johannisbeeren
250 ml Wasser
500 g Gelierzucker 2 : 1

1. Die Johannisbeeren waschen und eventuell vorhandene Blätter entfernen. Die Rispen mit den Stielen in den Varoma geben.
2. Wasser in den Mixtopf füllen und Varoma aufsetzen. Beeren in **60 Minuten/Varoma/Stufe 2** entsaften. Dabei immer wieder mit dem Spatel in den Beeren rühren, damit sie gleichmäßig dem Dampf ausgesetzt sind. Der Saft tropft in den Mixtopf zum Wasser.
3. Den Saft durch ein mit einem sauberen Küchentuch ausgelegtes Sieb in eine Schüssel abseihen und erkalten lassen.
4. 1 l Saft abmessen und mit dem Gelierzucker in den Mixtopf füllen. (Anleitung auf der Gelierzuckerpackung beachten!) **10 Sekunden/Stufe 3** vermischen und nach Möglichkeit 30 Minuten bis zu 2 Stunden ziehen lassen.
5. Mischung **12 Minuten/Varoma/Stufe 3** offen kochen. Den gelegentlich auftretenden Schaum aus der Deckelöffnung mit Küchenkrepp auffangen.
6. Gelee heiß in vorbereitete Schraubgläser füllen, diese fest verschließen und kopfüber auskühlen lassen. Hält 1 Jahr.

TIPP: Gelee aus den selteneren Weißen Johannisbeeren werden Sie im Handel kaum finden. Und ganz sicher keines, das mit 100 g frischen Rosenblättern verfeinert ist. Dazu die saubereren (ungespritzten) Rosenblätter mit 100 g des Gelierzuckers im Mixtopf **8 Sekunden/Stufe 8** zerkleinern. Dann in Schritt 4 zum Saft geben. Wenn Sie nicht sicher sind, ob Marmeladen oder Gelees schon genügend Festigkeit haben, machen Sie die Gelierprobe. Dazu 1 TL heiße Masse auf einen kalten Teller geben und kurz abkühlen lassen. Wenn Sie den Teller schräg halten und die Masse noch zerläuft, sollte die Kochzeit etwas verlängert werden.

Englische Orangen-marmelade

Für 6 Gläser à ca. 250 ml

1 ½ kg Bio-Orangen
2 Zitronen
1 kg Gelierzucker
1 Pck. Zitronensäure bei Bedarf

1. Die Orangen heiß waschen. Von der Hälfte der Orangen mit dem Zestenreißer oder Sparschäler dünne Streifen der Schale abschneiden und beiseitestellen. Dann die Orangen so schälen, dass möglichst wenig weiße Haut übrig bleibt. Die Früchte vierteln und dabei Enden, Mittelrippen und Kerne entfernen.
2. Jeweils ⅓ der Orangen mit aufgesetztem Messbecher **5–10 Sekunden/Stufe 6** (je nachdem, wie fein Sie die Marmelade möchten) zerkleinern und bis auf das letzte Drittel in eine Schüssel umfüllen. Die Zitronen auspressen.
3. Alle Orangen, den Gelierzucker und Zitronensaft im Mixtopf **20 Sekunden/Stufe 4** (Messbecher!) verrühren. Das Gemisch 2 Stunden ziehen lassen.
4. Die Orangenzesten dazugeben und das Ganze **15 Minuten/Varoma/Stufe 3** kochen lassen. Gelierprobe machen und eventuell noch 1 Pck. Zitronensäure zugeben und die Kochzeit verlängern.
5. Marmelade heiß in vorbereitete Schraubgläser füllen, diese sofort fest verschließen und kopfüber auskühlen lassen. Hält 1 Jahr.

TIPP: **Gut machen sich in der »marmalade« Aromen wie zum Beispiel gemahlener Zimt, Thymianblättchen, kleine Ingwerwürfel oder geröstete Mandelblättchen. Gewürze kommen unter Schritt 4 dazu, die Mandelblättchen können Sie in die Gläser verteilen. Es eignen sich natürlich auch andere Zitrusfrüchte wie Bitterorange, Mandarinen, Zitronen, Grapefruits oder eine Mischung davon für diese Zubereitung.**

Johannisbeerkonfitüre ohne Zucker

Für 3 Gläser à ca. 200 ml

500 g Rote Johannisbeeren
100 g Zuckerersatz
3 EL Zitronensaft
10 g Apfelpektin

1. Die Johannisbeeren waschen, abtropfen lassen und die Beeren mit einer Gabel von den Stängeln streifen. Mit Zuckerersatz und Zitronensaft in den Mixtopf geben und in **6 Minuten/100 °C/Stufe 1 linksdrehend** zum Kochen bringen.
2. Apfelpektin durch die Deckelöffnung dazugeben und weitere **5 Minuten/100 °C/Stufe 1 linksdrehend** kochen.
3. Die heiße Masse in die vorbereiteten Gläser füllen, diese sofort verschließen und 48 Stunden ungestört stehen lassen, damit der relativ lang dauernde Gelierprozess nicht unterbrochen wird. Hält im Kühlschrank etwa 3 Monate.

Aprikosenkonfitüre mit Lavendelblüten

Für 3 Gläser à ca. 250 ml

250 g Zucker
6 frische Lavendelblüten (ersatzweise 1 EL getrocknete)
½ kg Aprikosen (vorbereitet gewogen)
1 Pck. Gelfix 2 : 1
1 Pck. Zitronensäure

1. Die Hälfte des Zuckers mit den Lavendelblüten in den Mixtopf geben und mit aufgesetztem Messbecher **10 Sekunden/Stufe 10** fein mahlen.
2. Die Aprikosen waschen, halbieren und entsteinen. In den Mixtopf geben und **5 Sekunden/Stufe 5** zerkleinern. Den restlichen Zucker, Gelfix und Zitronensäure hinzufügen und alles in **6–7 Minuten/100 °C/Stufe 2** zum Kochen bringen. Das Garkörbchen als Spritzschutz aufsetzen!
3. Konfitüre **4 Minuten/100 °C/Stufe 2** kochen lassen. 1 TL entnehmen und auf einen kalten Teller träufeln: Die Masse sollte jetzt beim Abkühlen fest werden. Wenn nicht, geben Sie noch 1 TL Zitronensäure dazu und rühren **30 Sekunden/100 °C/Stufe 2** um.
4. Die heiße Konfitüre in vorbereitete Schraubgläser füllen, diese sofort fest verschließen und kopfüber auskühlen lassen. 1 Jahr haltbar.

TIPP: **Wenn Lavendel nicht so ganz Ihr Fall ist, können Sie Zitronenmelisse oder Verbene (Eisenkraut) ausprobieren. Beides gedeiht gut auf einem sonnigen Balkon und schmeckt auch als Tee.**
Um eine besonders feine Konfitüre zu bekommen, können Sie die Aprikosen vor dem Kochen häuten: Aprikosen in eine Schüssel geben und mit kochendem Wasser übergießen. Einige Minuten stehen lassen, das Wasser abgießen und die Früchte kalt abschrecken. Die Haut lässt sich jetzt gut mit einem kleinen Messer abziehen. Achtung: Sie brauchen etwa 750 g Aprikosen, um 500 g vorbereitete Früchte zu erhalten.

Kalt gerührte Erdbeerkonfitüre

Für ca. 30 Portionen

500 g Erdbeeren
1 Stück frischer Ingwer (haselnussgroß)
1 Zweig frische Minze
100 g Zucker
etwas schwarzer Pfeffer aus der Mühle
1 Päckchen Gelfix extra (25 g)

1. Die Erdbeeren waschen, gut abtropfen lassen und entstielen. Den Ingwer schälen und halbieren. Die Minze waschen, trocken schütteln und die Blätter vom Stiel zupfen.
2. Alle Zutaten in den Mixtopf geben, den Messbecher aufsetzen und alles **2 Minuten/Stufe 8** pürieren. Die pürierten Erdbeeren vom Deckel und der Topfwand mit dem Spatel zum übrigen Püree geben.
3. Masse offen **35 Minuten/Stufe 1** rühren.
4. Die Konfitüre in die vorbereiteten Gläser füllen, diese verschließen und im Kühlschrank 24 Stunden ruhen lassen. Danach schnell verbrauchen!

Eiscreme und Frozen Yoghurt

Die Grundzutaten zur Herstellung von Fruchteis mit dem Thermomix® sind meist zuvor eingefrorene Früchte. Sie können aber auch die Eismasse im Thermomix® mit allen Zutaten fertig machen und dann auf Vorrat in Würfeln einfrieren.
Bei Bedarf dann die Fruchteiswürfel im Thermomix® bei hoher Geschwindigkeit zerkleinern und anschließend mit dem Schmetterling cremig rühren.
Hilfreich ist es, den Mixtopf zuvor im Gefrierschrank stark zu kühlen und möglichst schnell zu arbeiten, sonst schmilzt die Eismasse wieder, bevor das Eis fertig ist.
Wie in der Eisdiele wird das Eis nicht ganz – es wird immer weicher bleiben, da wir keine Stabilisatoren und sonstigen Hilfsmittel verwenden. Genau wie in der Eisdiele können Sie allerdings Ihr Eis mit Karamell- oder Schokoladencreme, mit ganzen oder gehackten Früchten oder auch mal mit Nüssen garnieren.

Aprikoseneis

Für ca. 6 Portionen

400 g reife Aprikosen
½ Limette
75 g Zucker
2 Eiweiße, Größe M

1. Die Aprikosen waschen, halbieren, entkernen und flach auf einem gefrierbeständigen Tablett oder im Gefrierbeutel ausbreiten. 3 Stunden ins Gefrierfach legen.
2. Die halbe Limette auspressen. Den Zucker in den Mixtopf geben und mit aufgesetztem Messbecher **10 Sekunden/Stufe 10** zu Puderzucker mahlen.
3. Limettensaft und gefrorene Aprikosenhälften dazugeben und **15 Sekunden/Stufe 8** zerkleinern (Messbecher!).
4. Die Masse an den Topfrand schieben und die Eiweiße dazugeben. Den Schmetterling einsetzen und Eis **1 Minute/Stufe 4** cremig rühren. Gleich servieren.

Pistazieneis mit Minze

Für ca. 6 Portionen

50 g Zartbitterschokolade
100 g ungesalzene, geschälte Pistazien
150 g Zucker
60 g frische Minze
400 g Joghurt
200 g kalte Sahne

1. Die Schokolade grob zerschneiden, in den Mixtopf geben und mit aufgesetztem Messbecher **5 Sekunden/Stufe 5** zerkleinern. In eine Schüssel umfüllen. Den Mixtopf nicht reinigen.
2. Pistazien und Zucker in den Mixtopf geben und mit aufgesetztem Messbecher **20 Sekunden/Stufe 10** zerkleinern.
3. Die Minze waschen, mit Küchenkrepp trocken tupfen und die Blätter von den Stängeln zupfen. Minze und Joghurt zu den Pistazien geben und mit Messbecher **20 Sekunden/Stufe 9** zu einer cremigen Masse mixen.
4. Die Masse in eine flache gefrierbeständige Form oder Eiswürfelbehälter füllen und 3 Stunden oder länger in das Gefrierfach geben.
5. Die Sahne in den Mixtopf füllen, den Schmetterling einsetzen und Sahne auf **Stufe 3** schlagen, bis sie halb steif ist. Den Schmetterling entfernen, die Pistazienmasse aus dem Gefrierfach dazugeben und **25 Sekunden/Stufe 8** mit Messbecher untermixen.
6. Eis in gekühlte Dessertschalen füllen und mit der Schokolade bestreut gleich servieren.

Schokoladeneis

Für ca. 6 Portionen

260 g dunkle Kuvertüre
3 Eier, Größe M
25 g Rohkakao
100 g Sahne
300 ml Milch
50 g Puderzucker

1. Die Schokolade in Stücke schneiden, in den Mixtopf geben und mit aufgesetztem Messbecher **15 Sekunden/Stufe 10** zerkleinern. Die Eier trennen, dabei 2 Eiweiße zur anderweitigen Verwendung aufbewahren. 1 Eiweiß beiseitestellen.
2. Eigelbe, Kakaopulver, Sahne, Milch und Puderzucker zur Schokolade geben und zugedeckt **5 Minuten/60 °C/Stufe 5** schmelzen und vermischen.
3. Die Masse in Eiswürfelbehälter füllen und 3–4 Stunden oder länger in der Gefriertruhe gefrieren lassen.
4. Zur Zubereitung der Eiscreme die gefrorenen Schokoladenstücke etwas zerkleinern (zum Beispiel in einen Gefrierbeutel geben und mit einem Plattiereisen klopfen). Die Hälfte davon in den Mixtopf füllen und **8 Sekunden/Stufe 10** zerkleinern. Dann die restlichen dazugeben und weitere **8 Sekunden/Stufe 10** vermischen.
5. Mit dem Spatel nach unten und an den Topfrand schieben, das Eiweiß dazugeben, den Schmetterling einsetzen und alles in **30 Sekunden/Stufe 3** zu einem cremigen Eis aufschlagen.

Beerensofteis ohne Sahne

Für ca. 6 Portionen

60 g Zucker
500 g gefrorene Beeren nach Belieben
1 Pck. Vanillezucker
2 Eiweiße, Größe M

1. Nach Möglichkeit den Mixtopf 1 Stunde im Tiefkühler vorkühlen.
2. Zucker in den Mixtopf füllen und mit aufgesetztem Messbecher **10 Sekunden/Stufe 10** zu Puderzucker mahlen.
3. Gefrorene Beeren und Vanillezucker dazugeben und **50 Sekunden/Stufe 8** zerkleinern.
4. Die Eiweiße zufügen und **4 Sekunden/Stufe 4** unterrühren.
5. Das Fruchtmus mit dem Spatel an den Topfrand schieben und den Schmetterling einsetzen. Das Ganze **1 Minute oder etwas länger/Stufe 4** zu einem cremigen Softeis rühren und sofort servieren.

TIPP: **Für dieses Rezept können Sie statt Himbeeren auch Erdbeeren verwenden.**

Himbeersofteis

Für ca. 6 Portionen

500 g Himbeeren
1 Päckchen Vanillezucker
30 g Zucker
100 g Crème fraîche oder Sahne

1. Die Himbeeren behutsam waschen, verlesen und gut abtropfen lassen. Einige schöne Früchte zum Garnieren beiseitestellen. Die restlichen auf einem kältebeständigen Teller ausbreiten und 3 Stunden im Tiefkühlfach gefrieren lassen.
2. Die gefrorenen Himbeeren mit Vanillezucker und Zucker **10 Sekunden/Stufe 8** zerkleinern (Messbecher!).
3. Eis mit dem Spatel an den Topfrand schieben, die Crème fraîche dazugeben und alles in **30 Sekunden/Stufe 4** cremig verrühren.
4. Das Eis gleich in Schalen (diese am besten zuvor in den Tiefkühler stellen) anrichten und mit den restlichen Himbeeren garnieren.

Vanilleeis

Für ca. 6 Portionen

1 Vanilleschote
3 Eigelbe
100 g Zucker
250 ml Milch
250 g Sahne

1. Die Vanilleschote längs aufschlitzen und das Mark herauskratzen.
2. Eigelbe und Zucker in den Mixtopf geben und mit aufgesetztem Messbecher **20 Sekunden/Stufe 3** verrühren.
3. Milch, Sahne, Vanillemark und -schote dazugeben und in **7 Minuten/100 °C/ Stufe 2 linksdrehend** zum Kochen bringen.
4. Die Vanilleschote herausnehmen und die Masse 2 Fingerbreit hoch in flache Gefrierdosen oder Eiswürfelbehälter füllen. 10 Stunden gefrieren lassen.
5. Zum Servieren die Eisbehälter aus dem Gefrierfach nehmen, das Eis 20 Minuten antauen lassen und grob zerteilen.
6. In den Mixtopf geben und mit aufgesetztem Messbecher **20 Sekunden/Stufe 7** zerkleinern. In gekühlte Schüsseln verteilen und nach Lust und Laune mit Schlagsahne, Obst und/oder Schokoladenstücken garnieren.

Fruchteis für Veganer

Für 4 Portionen

4 kleine, sehr reife Bananen
200 g Himbeeren, frisch oder tiefgefroren

1. Bananen schälen, in Scheiben schneiden und flach ausgebreitet mindestens 4 Stunden in den Tiefkühler geben. Frische Himbeeren behutsam waschen, gut abtropfen lassen, verlesen und ebenfalls für 4 Stunden in den Tiefkühler geben. Nach Belieben einige Beeren und Bananenscheiben zum Garnieren beiseitelegen.
2. Tiefgekühlte Bananen und Beeren in den Mixtopf füllen und mit aufgesetztem Messbecher **10 Sekunden/Stufe 8** zerkleinern. Mit dem Spatel nach unten und an den Topfrand schieben, den Schmetterling einsetzen und weitere **25 Sekunden/Stufe 3** verrühren.
3. Masse sofort in – am besten eisgekühlte – Schalen verteilen und mit den aufbewahren Beeren und Bananenscheiben garniert servieren.

TIPP: **Statt der Himbeeren sind natürlich auch Erd-, Heidel- oder Johannisbeeren gut geeignet. Sie können aber auch mit 2 EL Rohkakao oder 2 TL Matchapulver Schokoeis oder eine grüne Variante herstellen.**

Frozen Yoghurt

Für ca. 8 Portionen

75 g Zucker
100 g kalte Sahne
500 ml Joghurt
100 g Mascarpone
Saft ½ Zitrone

1. Den Zucker in den Mixtopf füllen und mit aufgesetztem Messbecher **10 Sekunden/Stufe 10** zu Puderzucker mahlen.
2. Die Sahne dazugeben, den Schmetterling einsetzen und Sahne in **2–3 Minuten/Stufe 3** halb steif schlagen.
3. Den Schmetterling entfernen, Joghurt, Mascarpone und Zitronensaft dazugeben und alles weitere **3 Minuten/Stufe 6** cremig rühren.
4. Die Masse in Eiswürfelbehälter füllen und mindestens 12 Stunden in der Gefriertruhe gefrieren lassen.
5. Zum Servieren die gewünschte Menge gefrorener Joghurtwürfel in den Mixtopf geben und **1 Minute/Stufe 7** zu einem cremigen Frozen Yoghurt aufschlagen.
6. Masse in Gläser oder Schüsseln füllen und mit Beeren oder Obst nach Belieben toppen.

Gefrorener Wassermelonen-joghurt

Für ca. 6 Portionen

300 g Wassermelone (vorbereitet gewogen)
300 g Joghurt
75 g Zucker
100 g eiskalte Sahne

1. Die Wassermelone schälen, entkernen, in mundgerechte Stücke schneiden und flach ausgebreitet 1–2 Stunden in der Gefriertruhe gefrieren lassen. Den Joghurt auf Eiswürfelbehälter verteilen und ebenfalls 1–2 Stunden gefrieren lassen.
2. Den Zucker in den Mixtopf füllen und mit aufgesetztem Messbecher **10 Sekunden/Stufe 8** pulverisieren. Die Sahne dazugießen, den Schmetterling einsetzen und alles **1 Minute/Stufe 4** leicht cremig schlagen. Den Schmetterling entfernen.
3. Die gefrorene Messermelone und den Joghurt dazugeben und mit aufgesetztem Messbecher **10 Sekunden/Stufe 10** cremig zerkleinern. Den Joghurt in Gläser oder Becher füllen und sofort servieren.

Frozen Yoghurt mit Brombeeren

Für ca. 6 Portionen

400 g Joghurt
300 g Brombeeren
60 g Puderzucker
1 EL Zitronensaft

1. Joghurt in einen Eiswürfelbehälter oder ein flaches Gefäß füllen. Brombeeren waschen, entstielen, einige schöne Exemplare zur Seite legen und die restlichen auf einen flachen Teller geben. Joghurt und Brombeeren im Tiefkühler 2 Stunden oder länger gefrieren lassen.
2. Brombeeren mit dem Puderzucker und dem Zitronensaft in den Mixtopf geben und mit 2–3 Turbo-Impulsen zerkleinern.
3. Joghurt dazugeben und alles **20 Sekunden/Stufe 5** zerkleinern. Den Schmetterling einsetzen und die Masse **2 Minuten/Stufe 2,5** cremig rühren. Joghurt auf Gläser oder Schüsseln verteilen und mit den restlichen Beeren garniert sofort servieren.

Pralinen

Schokolade

Für ca. 16 Stück oder 1 Tafel

1 Vanilleschote
100 g Kakaobutter (Bio-Laden oder gut sortierter Supermarkt)
50 g Mandelmus (Fertigprodukt oder Rezept Seite 22)
2 EL Rohkakao

1. Die Vanilleschote der Länge nach aufschlitzen und das Mark herauskratzen.
2. Die Kakaobutter in den Mixtopf geben und **2 Minuten/40 °C/Stufe 0,5** schmelzen.
3. Vanillemark, Mandelmus und Kakaopulver dazugeben und alles **2 Minuten/40 °C/Stufe 1** zu einer homogenen Masse verrühren. Zwischendurch immer wieder mit dem Spatel nach unten schieben.
4. Die heiße Masse in Pralinenförmchen füllen oder in einer flachen Schale verstreichen und 2–3 Stunden im Kühlschrank erkalten lassen.

TIPP: **Nach Belieben können Sie Ihre persönliche Schokolade erfinden. Zimt, gehackte Nüsse oder Mandeln, Korinthen, Kokoschips, grobes Meersalz, Chili … Lassen Sie sich am Schokoladenregal zu immer neuen Kreationen inspirieren!**

Walnuss-Dattel-Bällchen

Für ca. 20 Stück

120 g entsteinte Datteln
25 g Walnusskerne
50 g Mandel- oder Walnussmehl
4 TL Rohkakao
1 EL Mandelmus (Fertigprodukt oder Rezept Seite 22)

1. Die Datteln in eine Schüssel legen und 30 Minuten in lauwarmem Wasser einweichen.
2. Walnüsse in den Mixtopf geben und mit aufgesetztem Messbecher **7 Sekunden/Stufe 6** zerkleinern.
3. Die Datteln durch ein Sieb abgießen und zusammen mit dem Mehl, 2 EL Kakaopulver und dem Mandelmus in den Mixtopf geben und **15 Sekunden/Stufe 4** zu einer krümeligen, leicht klebrigen Masse mixen.
4. Masse in eine Schüssel umfüllen und mit feuchten Händen aus je 1 EL davon Bällchen formen. Diese im restlichen Kakaopulver wälzen. 1–2 Wochen in einer verschließbaren Box im Kühlschrank haltbar.

Mandel-Cranberry-Bällchen

Für ca. 20 Stück

1 Bio-Orange
50 g Haferflocken
2 EL Sonnenblumenkerne
75 g getrocknete Cranberrys
50 g ganze geschälte Mandeln
20 g Honig

1. Die Orange heiß waschen und 1 EL Schale abraspeln. Die Frucht auspressen (ca. 100 ml Saft). 75 ml Orangensaft, -schale und Haferflocken in einer Schüssel mischen und quellen lassen.
2. Die Sonnenblumenkerne nach Belieben in einer beschichteten Pfanne ohne Fett goldgelb rösten.
3. Cranberrys mit 1–2 EL Orangensaft, Sonnenblumenkernen, Orangenschalenabrieb, Mandeln, Honig und Haferflocken-Orangen-Mischung in den Mixtopf geben und **15 Sekunden/Stufe 4** zu einer klebrigen Masse mixen.
4. Masse in eine Schüssel umfüllen und mit feuchten Händen aus je 1 EL davon Bällchen formen und diese zum Trocknen 2–3 Stunden auf einen Teller legen.

Einfache Schokoladentrüffel

Für ca. 20 Stück

200 g dunkle Schokolade (ca. 70 % Kakaoanteil)
½ Vanilleschote oder 1 TL Vanilleextrakt (Fertigprodukt oder Rezept Seite 89)
30 g Sahne
40 g Butter
1 EL Rohkakao

1. Die Schokolade grob zerschneiden, in den Mixtopf geben und mit aufgesetztem Messbecher **10 Sekunden/Stufe 8** zerkleinern.
2. Die Vanilleschote längs aufschlitzen, das Mark herauskratzen und zusammen mit der Sahne zur Schokolade geben. **2 Minuten/50 °C/Stufe 3** vermengen.
3. Die Butter in Stücken zugeben und alles weitere **2 Minuten/Stufe 4** cremig rühren. Masse in eine Schüssel umfüllen und 2–3 Stunden im Kühlschrank fest werden lassen.
4. Kakaopulver auf einem Teller ausbreiten. Mit einem Löffel etwas von der Masse entnehmen und mit feuchten Händen zu Bällchen formen und diese im Kakaopulver wälzen. Die Trüffel halten sich in einer verschließbaren Box im Kühlschrank etwa 1 Woche.

Raffinierte Schokoladentrüffel

Für ca. 20 Stück

100 g dunkle Schokolade
2 Eigelbe, Größe M
100 g Butter
½ Vanilleschote oder 1 TL Vanilleextrakt (Fertigprodukt oder Rezept Seite 89)
50 g Sahne
125 g Puderzucker
80 g Rohkakao

1. Die Schokolade grob zerschneiden, in den Mixtopf geben und **3 Minuten/50 °C/Stufe 1** schmelzen.
2. Eigelbe und Butter in Stücken dazugeben und **1 Minute/37 °C/Stufe 3** verrühren.
3. Die Vanilleschote längs aufschlitzen und das Mark herauskratzen. Zusammen mit Sahne, Puderzucker und 50 g Kakaopulver zur Schokoladenmasse geben und **3 Minuten/Stufe 3** cremig rühren.
4. Masse in eine Schüssel umfüllen und ca. 3 Stunden im Kühlschrank fest werden lassen.
5. Das restliche Kakaopulver auf einem Teller ausbreiten. Mit einem Löffel etwas von der Schokoladenmasse entnehmen und mit feuchten Händen zu Trüffeln formen und diese im Pulver wälzen. Bis zum Servieren im Kühlschrank aufbewahren – die Trüffel halten etwa 4–5 Tage.

TIPP: **Schokoladentrüffel sind Kindern wegen des ungesüßten Kakaopulvers ohnehin meist zu bitter – da können Sie dem Naschwerk für Erwachsene auch 1–2 EL Cointreau oder Grand Marnier zufügen. Aromatisieren können Sie die Trüffel auch mit Minz- oder Orangenöl.**

Aprikosen-Dattel-Bällchen mit Kokos

Für ca. 20 Stück

50 g entsteinte Datteln
50 g Soft-Aprikosen
50 g ganze ungeschälte Haselnüsse
25 g Butter
75 g zarte Haferflocken
20 g Leinsamen
2 EL Honig
2 EL Kokosraspel

1. Datteln und Aprikosen in einer Schüssel mit lauwarmem Wasser 15 Minuten einweichen.
2. Die Haselnüsse in den Mixtopf geben und mit aufgesetztem Messbecher **12 Sekunden/Stufe 8** fein mahlen. In eine Schüssel umfüllen. Den Mixtopf nicht spülen.
3. Butter in den Mixtopf geben und **1 Minute/100 °C/Stufe 2** schmelzen. Haferflocken und Leinsamen hinzufügen und **4 Minuten/100 °C/Stufe 2** rösten.
4. Datteln und Aprikosen durch ein Sieb abgießen und zusammen mit Honig und Haselnüssen zu den Haferflocken geben. Messbecher aufsetzen und alles **10 Sekunden/Stufe 6** zerkleinern und verrühren. Masse mit dem Spatel nach unten schieben und den Vorgang 2–3 Mal wiederholen, bis eine feine, klebrige Masse entstanden ist.
5. Masse in eine Schüssel umfüllen. Kokosraspel auf einem Teller ausbreiten. Mit einem Löffel etwas von der Masse entnehmen und mit feuchten Händen Bällchen daraus formen und diese in der Kokosraspel wälzen. 2–3 Stunden zum Trocknen liegen lassen, dann in einer gut verschließbaren Dose aufbewahren. Haltbarkeit ca. 7–10 Tage.

Register

Zum Einmachen

Zum Tiefkühlen geeignet

Als Geschenk geeignet

Süß

Salzig

Bildnachweis

S. 9: Madlen/Shutterstock.com; S. 10: agenturfotografin/stock.adobe.com; S. 14: didora/Shutterstock.com, VICUSCHKA/Shutterstock.com; S. 15: Apolinarias/Shutterstock.com; S. 16: Cora Mueller/Shutterstock.com; S. 17: Gayvoronskaya_Yana/Shutterstock.com; BravissimoS/Shutterstock.com; S. 18: Elena Hramova/Shutterstock.com; S. 19: Oleksandra Naumenko/Shutterstock.com; Jiri Hera/Shutterstock.com; Alexander Prokopenko/Shutterstock.com; Chamille White/Shutterstock.com; Magrig/Shutterstock.com; S. 20: lizabarbiza/Shutterstock.com; S. 21: al1962/Shutterstock.com; S. 22: Brent Hofacker/Shutterstock.com; S. 23: yuliiakas/stock.adobe.com; S. 24: Jiri Hera/Shutterstock.com;S. 26: Obraz/Shutterstock.com; S. 27: MAHATHIR MOHD YASIN/Shutterstock.com; S. 28: matka_Wariatka/Shutterstock.com; S. 30: margouillat photo/Shutterstock.com; S. 34: etorres/Shutterstock.com; S. 36, 37, 55: Heike Rau/Shutterstock.com; S. 38: mama_mia/Shutterstock.com; S. 39: Goskova Tatiana/Shutterstock.com; S. 40: Dragana/stock.adobe.com; S. 42: artem evdokimov/Shutterstock.com; S. 43: Julia Sudnitskaya/Shutterstock.com; S. 45: A_Lein/Shutterstock.com; S. 49: Anna_Pustynnikova/Shutterstock.com; S. 50: Yulia Davidovich/Shutterstock.com; S. 52: Alexander Prokopenko/Shutterstock.com; S. 58: Fortyforks/Shutterstocks.com; S. 59: sasimoto/Shutterstock.com; S. 61: phloen/Shutterstock.com; S. 63: monticello/Shutterstock.com; S. 64: Pinkyone/Shutterstock.com; S. 67: Anna Hoychuk/Shutterstock.com; S. 68, 88: MaraZe/Shutterstock.com; S. 70: joannawnuk/Shutterstock.com; S. 72: Dionisvera/Shutterstock.com; S. 73: Lisovskaya Natalia/Shutterstock.com; S. 74, 77: Cora Mueller/Shutterstock.com; S. 78: Bernd Jürgens/stock.adobe.com; S. 79: Natali Zakharova/Shutterstock.com; S. 80: /Shutterstock.com; S. 80: Kiian Oksana/Shutterstock.com; S. 82: SMarina/Shutterstock.com; S. 84: Pystai/Shutterstock.com; S. 85: avs/Shutterstock.com; S. 86: CKP1001/Shutterstock.com; S. 89: D. Pimborough/Shutterstock.com; S. 91: spline_x/Shutterstock.com; S. 92: Happy Together/Shutterstock.com; S. 95: matka_Wariatka/Shutterstock.com; S. 96: Elena Veselova/Shutterstock.com; S. 99: LiliGraphie/Shutterstock.com; S. 101: Daria Saveleva/Shutterstock.com; S. 102: Jarvna/Shutterstock.com; S. 104, 113: Africa Studio/Shutterstock.com; S. 105: barmalini/Shutterstock.com; S. 107: HandmadePictures/Shutterstock.com; S. 108: Thomas Francois/Shutterstock.com; S. 111: Jiri Hera/Shutterstock.com; S. 112: successo images/Shutterstock.com; S. 115: bonchan/Shutterstock.com; S. 116: Jayme Burrows/Shuttertock.com; S. 117: Elena M. Tarasova/Shutterstock.com; S. 119: Sea Wave/Shutterstock.com; S. 120: Ivana Lalicki/Shutterstock.com; S. 122: YARUNIV Studio/Shutterstock.com; S. 123: IrenaStar/Shutterstock.com; S. 124: Chamille White/Shutterstock.com; S. 127: Martin Rettenberger/Shutterstock.com; S. 129: Iaroshenko Maryna/Shutterstock.com; S. 130: Madeleine Steinbach /Shutterstock.com; S. 132: Elena Hramova/Shutterstock.com; S. 135: mubus7/Shutterstock.com; S. 136: jiangdi/Shutterstock.com; S. 137: Anna_Pustynnikova / Shutterstock.com; S. 138: Evgeny Karandaev/Shutterstock.com; S. 140: Marek Gottschalk/stock.adobe.com; S. 142: Viktory Panchenko /Shutterstock.com; S. 145: nioloxs/Shutterstock.com; S. 149: IngridHS /Shutterstock.com; S. 151: Natalie_Barth/Shutterstock.com; S. 152: Madeleine Steinbach/Shutterstock.com; S. 153: Tim UR/Shutterstock.com; S. 154: KariDesign/Shutterstock.com; S. 156: TOKYIK/Shutterstock.com; S. 157: Valentina Razumova /Shutterstock.com; S. 158: Ekaterina Iatcenko /Shutterstock.com; S. 159: Magrig/Shutterstock.com; S. 160: agenturfotografin/stock.adobe.com; S. 161: anitasstudio/Shutterstock.com; S. 162: Olyina/Shutterstock.com; S. 165: Sonja Birkelbach/stock.adobe.com; S. 166, 168: Oleksandra Naumenko/Shutterstock.com; S. 171: balbaz/Shutterstock.com; S. 172: Slavica Stajic/Shutterstock.com; S. 173: Amallia Eka/Shutterstock.com; S. 174: TasiPas/Shutterstock.com; S. 175: MShev/Shutterstock.com; S. 177: Liv friislarsen/Shutterstock.com; S. 178: FortyForks/Shutterstock.com; S. 179, 180: Amallia Eka/Shutterstock.com; S. 182: Vladislav Noseek/Shutterstock.com; S. 184: NatalyaBond/Shutterstock.com